책을 내면서...

대한민국 국민 5,162만 명!
이동전화가입자수 7,600만 대!

스마트폰이 보급되면서 우리의 삶은 더욱 편리해졌습니다.

하지만 이와 함께 디지털 범죄도 증가하고 있습니다. 디지털 범죄는 우리의 개인정보를 유출시키고, 금전적인 피해를 입히는 등 우리의 삶에 큰 영향을 미칠 수 있습니다.

디지털 범죄는 단순히 개인의 피해를 넘어 국가 경제에까지 막대한 피해를 입힐 수 있습니다. 따라서 디지털 범죄 예방은 개인뿐만 아니라 국가 차원에서도 매우 중요한 문제입니다.

이 책은 디지털 범죄의 개요와 현황부터 스마트폰의 기본 보안 설정, 피싱 및 스미싱 예방, 악성 앱 및 바이러스 예방, Wi-Fi 및 블루투스 보안, 개인정보 보호 및 백업, 소셜 미디어 및 메신저 보안, 온라인 금융 거래 보안, 아이디 및 비밀번호 관리, 이메일 보안 및 스팸 메일 대처법, SNS 예절 규칙까지, 디지털 범죄 예방에 필요한 모든 정보를 한 권에 담았습니다.

특히 SNS 예절 및 매너 부분에서는 SNS의 올바른 사용을 위한 규칙과 가이드라인을 제시하고자 합니다. SNS는 소통의 도구이자 정보 전달의 창구이지만, 잘못된 사용으로 인해 개인정보 유출, 사생활 침해, 가짜 뉴스 확산 등 다양한 문제를 야기할 수 있습니다.

이 책을 통해 SNS를 더욱 안전하고 윤리적으로 사용할 수 있는 방법을 배울 수 있을 것입니다.

이 책이 여러분에게 디지털 범죄로부터 안전한 생활을 할 수 있는 지식을 제공하고, 디지털 세상을 더 현명하게 이용하는 데 도움이 되기를 바랍니다.

저자 소개

저자 : **유화순**

교육문의 : 010-7319-7945

블로그 : smartforyou.co.kr

경력사항

현) 디지털콘텐츠그룹 서울시 중구 지국장
현) 디지털콘텐츠그룹 디지털콘텐츠큐레이터
현) SNS소통연구소 서울시 중구 지국장
현) SNS소통연구소 스마트폰교육, 스마트워크 전문 강사
현) SNS상생평생교육원 미디어크리에이터 전문 강사
현) 소통대학교 스마트소통봉사단
현) 중구 여성플라자,궁동 종합사회복지관,장안 종합사회복지관
서초문화원 등 스마트폰강사, 유튜브강사

주요 자격사항

- 수납전문가 2급,1급 / 강사 2급
- 스마트폰활용지도사 2급,1급
- 디지털문해교육전문지도사 1급
- 프리젠테이션전문지도사
- 유튜브크리에이터전문지도사 2급,1급
- SNS마케팅전문지도사 2급,1급
- 스마트워크전문지도사 2급,1급
- 디지털콘텐츠큐레이터

주요 저서

- 유화순과 함께하는 스마트폰활용교육 기초교실
- 유화순과 함께하는 스마트폰으로 유튜버되기
- 스마트폰활용 교육강사들의 바이블
- 업무효율 200% 향상시키는 스마트워크 책
- 스마트폰활용교육 전문가들이 꼭 알아야 할 지침서 외

저자 : **권미용**

교육문의 : 010-9064-5855

블로그 : blog.naver.com/leadermon09

경력사항

현) 디지털콘텐츠그룹 수원시 지국장
현) SNS소통연구소 수원시 지국장
현) 뉴미디어 교육연구소 대표
현) 공공기관 스마트폰 강사
현) 공공기관 SNS 홍보마케팅 강사
현) 온라인 홍보 콘텐츠 제작 강사
현) 한국 생산성 본부 공인강사
현) 키네마스터 공인강사

주요 자격사항

- 스마트폰활용지도사 1급
- 디지털문해교육전문지도사 1급
- ITQ정보기술 전문강사
- SNS지도사
- 유튜브크리에이터전문지도사 1급
- 스마트워크전문지도사
- GTQ그래픽기술 전문강사
- 비대면강사

주요 저서

- 디지털교육 강사들의 필수 지침서
- 스마트폰 강사들이 꼭 알아야 할 지침서
- 유튜브의 모든 것, 백만 유튜버의 교과서
- 고객을 사로잡는 SNS마케팅 외 4권

저자 : **김상기**

교육문의 : 010-3750-4177

블로그 : blog.naver.com/sanggi0623

경력사항

현) 디지털콘텐츠그룹 동두천/포천 지국장
현) 디지털콘텐츠그룹 디지털콘텐츠 큐레이터
현) SNS소통연구소 동두천/포천 지국장
현) 스마트소통봉사단 스마트폰활용교육 전임강사
현) 디지털콘텐츠 큐레이터
현) SNS마케팅, 키오스크, 스마트워크 강사
현) 유튜브 크리에이터, 디지털문해 강사

주요 자격사항

- 스마트폰활용지도사 2급 및 1급
- 유튜브크리에이터전문지도사 2급
- SNS마케팅전문지도사 2급
- 비대면 강의교육전문지도사 2급

주요 저서

- 스마트폰활용지도사 김상기 선생님과 함께하는 즐거운 스마트폰 교육
- 누구나 쉽게 따라하는 유튜브 크리에이터 교재
- 스마트폰으로 즐기는 디지털 리터러시

저자 : **박은숙**

교육문의 : 010-8269-5347

블로그 : blog.naver.com/hand0920

경력사항

현) 디지털콘텐츠그룹 경주시 지국장
현) 디지털콘텐츠그룹 디지털콘텐츠 큐레이터
현) SNS소통연구소 경주시 지국장
현) SNS소통연구소 스마트폰교육 전임강사
현) 복지관, 평생학습관, 스마트폰활용 강사
현) 노인대학, 고등학교 , 신중년 사관학교
현) 동국대학교 평생교육원 스마트폰 강사

주요 자격사항

- 디지털콘텐츠큐레이터 1급
- 디지털문해전문지도사 1급
- 스마트워크전문지도사 2급,1급
- ITQ정보기술자격 인터넷A등급 / 평생교육사
- 유튜브크리에이터전문지도사 2급,1급
- SNS마케팅전문지도사 2급,1급
- 스마트폰활용지도사 2급,1급

주요 저서

- 박은숙과 함께하는 즐거운 스마트폰 교육
- 업무효율 200% 향상시키는 스마트워크
- 누구나 쉽게 따라하는 SNS마케팅
- 이것만 알면 스마트폰 高手
- 디지털교육 강사들의 필수 지침서

저자 : **임진영**

교육문의 : 010-2525-9252

블로그 : blog.naver.com/zinzza925

경력사항

현) 디지털콘텐츠그룹 대구광역시 지부장
현) SNS소통연구소 대구광역시 지부장
현) SNS소통연구소 뉴미디어 마케팅 전임강사
현) 수성구 환경지킴이강사
현) 수성구 블로그기자
전) 수성글로벌 ESD실천연대 사무국장
전) 대구시 시민기자
전) 월드비전 세계시민교육강사

주요 자격사항

- 스마트폰활용지도사 2급 및 1급
- 디지털문해교육전문지도사 1급
- 평생교육사
- 스마트워크전문지도사 2급
- 수성 평생학습코디네이터

주요 저서

- 스마트폰활용지도사 책 (2016년 6월)
- 스마트폰활용 교육강사들의 바이블 (2023년 1월)

저자 : **조대연**

교육문의 : 010-5438-5616

유튜브 : 위드리

경력사항

현) 디지털콘텐츠그룹 대전 중구 지국장
현) SNS소통연구소 대전 중구 지국장
현) 글로벌 메타버스개발원 겸임교수
현) 대전 평생교육진흥원 대전시민대학 전문강사
현) 평생교육기관, 단체, 초중학교 등 강의

주요 자격사항

- 교육학석사/이학박사
- 스마트폰활용지도사 2급 및 1급
- 유튜브크리에이터전문지도사 1급
- 한국디지털진흥원 ADsP 교육과정 자격 취득
- 메타버스전문강사 자격증

주요 저서

- 교육 전문가와 함께하는 스마트폰활용 길라잡이
- 나만 알고 싶은 유튜버 되기 노하우
- 스마트워크에서 핀테크까지
- 어르신들을 위한 스마트폰활용 백서

저자 : **최신만**

교육문의 : 010-9150-3927

블로그 : blog.naver.com/caridade

경력사항

현) 디지털콘텐츠그룹 인천 부평구 지국장
현) 디지털콘텐츠그룹 디지털콘텐츠 큐레이터
현) SNS소통연구소 인천 부평구 지국장
현) 스마트폰활용지도사 자격증 교육강사
현) 유튜브크리에이터 교육강사
현) 디지털사진 및 스마트폰사진 교육강사
현) SNS마케팅 교육강사
현) 파란사진 전속 사진작가
현) 인천시민대학 시민교수

주요 자격사항

- 디지털콘텐츠 큐레이터
- 디지털문해교육전문지도사
- SNS마케팅전문지도사
- 컴퓨터활용전문지도사
- 스마트폰활용지도사
- 유튜브 크리에이터전문지도사
- 스마트워크전문지도사
- 프리젠테이션전문지도사

주요 저서

- 즐거운 스마트폰 사용법
- 누구나 쉽게 따라하는 스마트폰 SNS마케팅

저자 : **김월선**

교육문의 : 010-6757-0633

블로그 : blog.naver.com/ekfak1546

경력사항

현) 김월선 토탈공예 대표
현) SNS소통연구소 스마트폰 및 SNS마케팅 강사
현) 공주 나우누리 외부강사
현) 남양초등학교 방과후학교 컴퓨터강사
현) 운곡초등학교 방과후학교 컴퓨터강사
현) 장평면 주민자치회 스마트폰활용지도사
현) 웅천 도서관 스마트폰 활용지도사
전) 청양군 찾아가는 정보화교육 스마트폰 강사

주요 자격사항

- 한지공예, 토탈공예 지도사
- 스마트워크전문지도사 2급
- 디지털문해교육전문지도사 1급
- 스마트폰활용지도사 1급
- 컴퓨터활용전문지도사 2급
- 프리젠테이션전문지도사 2급

주요 저서

- 초보자도 쉽게 따라하는 스마트폰 활용법

● 스마트폰 활용지도사 자격증에 대해서 아시나요?

과학기술정보통신부가 검증하고 한국직업능력개발원이 관리하는 스마트폰 자격증 취득에 관심 있으신 분들은 살펴보세요.

상담 문의

이종구 010-9967-6654
E-mail : snsforyou@gmail.com
카톡 ID : snsforyou

스마트폰 활용지도사 1급

• 해당 등급의 직무내용

초/중/고/대학생 및 성인 남녀노소 누구에게나 스마트폰 활용교육 및 SNS 기본 교육을 실시할 수 있습니다.
개인 및 소기업이 브랜딩 전략을 구축하는 데 있어 저렴한 비용을 들여 브랜딩 및 모바일 마케팅 전략을 구축할 수 있도록 필요한 교육을 할 수 있습니다.

스마트폰 활용지도사 2급

• 해당 등급의 직무내용

시니어 실버분들에게 스마트는 활용교육을 실시할 수 있습니다. 개인 및 소기업이 모바일 마케팅 전략을 구축하는데 있어 기본적인 교육을 할 수 있습니다. 1인 기업 및 소기업이 스마트워크 시스템을 구축하는 데 제반 사항을 교육할 수 있습니다.

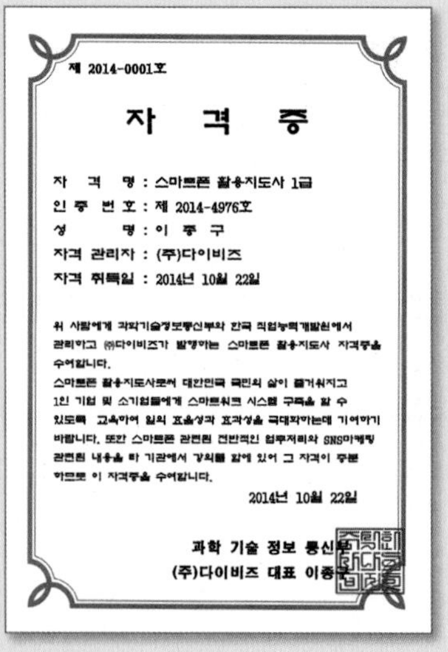

시험 응시료 : 3만원
자격증 발급비 : 7만원

- 일반 플라스틱 자격증
- 종이 자격증 및 우단 케이스 제공
- 스마트폰 활용지도사 강의자료 제공비 포함

- **시험 일시 :** 매월 둘째 주, 넷째 주 일요일 5시부터 6시까지 1시간
- **시험 과목 :** 2급 – 스마트폰 활용 분야 / 1급 – 스마트폰 SNS마케팅
- **합격점수**
  1급–80점 이상(총 50문제 각 2점씩, 100점 만점에 80점 이상 - 주관식 10문제 포함)
  2급–80점 이상(총 50문제 각 2점씩, 100점 만점에 80점 이상)

시험대비 공부방법

❶ 스마트폰 활용지도사 2급 교재 구입 후 공부하기
❷ 정규수업 참여해서 공부하기
❸ 유튜브에서 [스마트폰 활용지도사] 채널 검색 후 관련 영상 시청하기

시험대비 교육일정

❶ 매월 정규 교육을 SNS소통연구소 전국 지부에서 실시하고 있습니다.
❷ 스마트폰 활용지도사 **SNS소통연구소 블로그 (blog.naver.com/urisesang71)** 참고하기
❸ 디지털콘텐츠 그룹 사이트 참조**(digitalcontentgroup.com)**
❹ NAVER 검색창에 **(SNS소통연구소)**라고 검색하세요!

스마트폰 활용지도사 자격증 취득 시 혜택

❶ SNS 상생평생교육원 스마트폰 활용 교육 강사 위촉
❷ SNS소통연구소 스마트폰 활용 교육 강사 위촉
❸ 스마트 소통 봉사단에서 교육받을 수 있는 자격부여
❹ SNS 및 스마트폰 관련 자료 공유
❺ 매월 1회 세미나 참여 (정보공유가 목적)
❻ 향후 일정 수준이 도달하면 기업제 및 단체 출강 가능
❼ 그 외 다양한 혜택 수여

유튜브 크리에이터 전문 지도사 시험

매월 1째,3째 일요일
오후 5시부터 6시까지

유튜브 크리에이터 전문 지도사가
즐거운 대한민국을 만들어갑니다!

- 자격명 : 유튜브 크리에이터 전문 지도사 2급 및 1급
- 자격의 종류 : 등록(비공인) 민간자격
- 등록번호 : 제 2020-003915 호
- 자격 발급 기관 : 에스엔에스소통연구소
- 총 비용 : 100,000원
- 환불규정
  ①접수마감 전까지 100% 환불 가능(시험일자 기준 7일전)
  ②검정 당일 취소 시 30% 공제 후 환불 가능
- 시험문의
  SNS 소통연구소 이종구 소장 : 010-9967-6654

디지털 교육 강사들의 필수 지침서
스마트폰 활용지도사 2급 교재

SNS마케팅 교육 전문가 양성 과정 책
스마트폰 활용지도사 1급 교재

UCC제작과 유튜브크리에이터 양성을 위한 책
유튜브크리에이터전문지도사

스마트한 강사를 위한 길라잡이
프리젠테이션전문지도사 2급 교재
컴퓨터활용전문지도사 2급 교재

어르신들을 위한 스마트폰 교육 교재 리스트
전국 각 기관에서 가장 많이 교재로 선정된 책 02

어르신들을 위한 스마트폰 기초 교실
스마트폰 기초부터 기본 UCC 활용 책

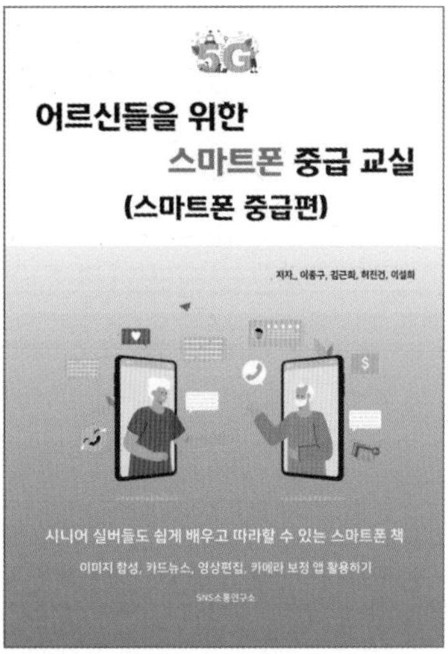

어르신들을 위한 스마트폰 중급 교실
스마트폰 이미지 합성, 카드뉴스, 보정 앱 활용 책

어르신들을 위한 스마트폰 고급 교실
스마트폰 번역, 쇼핑몰 구매,
교통, 스마트워크 활용 책

어르신들을 위한 스마트폰 활용 백서
스마트폰 기본 활용부터 카메라, UCC,
키오스크 등 스마트폰 기본 교재로
가장 많이 찾는 책

03 SNS소통연구소 주요 사업 콘텐츠

뉴미디어 마케팅 교육 문의

- 스마트폰 활용
- SNS마케팅
- 유튜브크리에이터
- 프리젠테이션
- 컴퓨터 활용 등

- **SNS소통연구소**(직통전화) **010-9967-6654**
- **디지털콘텐츠그룹**(직통전화) **02-747-3265**

SNS소통연구소 지부 및 지국 활성화

- 2010년 3월부터 교육을 시작한 SNS소통연구소는 현재 전국에 81개의 지부 및 지국을 운영 중

스마트폰 활용지도사 (국내 최초! 국내 최고!)

- 2014년 10월 스마트폰 활용지도사 민간 자격증 취득
- 2급과 1급 과정을 운영 중이며 현재 4,000여 명 이상 지도사 양성

실전에 필요한 전문 교육 (다양한 분야 실전 교육 중심)

- 일반 강사들에게도 꼭 필요한 전문 교육을 실시함 (SNS마케팅, 스마트워크, 프리젠테이션, 컴퓨터 활용 등)

SNS소통연구소 출판사

- 2011년 11월부터 SNS소통연구소 출판사 운영
- 스마트폰 활용 및 SNS마케팅 관련된 책 47권 출판
- 강사들에게 필요한 다양한 분야의 책을 출간 진행 중

● 사회복지사란?

청소년, 노인, 가족, 여성, 장애인 등 사회적 약자에 대한 복지 정책 및 공공 복지 서비스가 증대함에 따라 사회적인 문제로 어려움을 겪는 이들을 돕는 직업

● 스마트폰 활용지도사란?

개인이 즐거운 인생을 살아가는 데 도움을 드리고 소상공인들에게 풍요로운 비즈니스를 할 수 있도록 도움을 드리는 직업으로 스마트폰 활용지도사가 디지털 문맹 퇴치 운동에 앞장서고 즐거운 대한민국을 만들어가는데 초석이 되었으면 합니다.

SNS소통연구소 **전국 지부 봉사단 현황**

서울/경기북부	울산지부	부산지부
스마트 소통 봉사단	**스폰지**	**모바일**
2018년 6월부터 매주 수요일 오후 2시부터 5시까지 스마트폰 활용지도사들이 소통대학교에 모여서 강사 트레이닝을 목적으로 운영되고 있음 (기관 및 단체 재능기부 교육도 진행)	매월 정기모임을 통해서 스마트폰 활용지도사의 역량개발과 지역주민들을 위해 스마트폰 활용 교육 봉사활동 진행	모든 것이 바라는 대로 이루어집니다! 매월 정기모임을 통해서 스마트폰 활용지도사의 역량개발과 지역주민들을 위해 스마트폰 활용 교육 봉사활동 진행
제주지부	**경북지부**	**경기북부**
제스봉	**스소사**	**펀펀 스마트 봉사단**
제주도 스마트폰 봉사단 매월 정기모임을 통해서 스마트폰 활용지도사의 역량개발과 지역주민들을 위해 스마트폰 활용 교육 봉사활동 진행	'스마트하게 소통하는 사람들' 경북지부 스마트폰 봉사단 매월 정기모임을 통해서 스마트폰 활용지도사의 역량개발과 지역주민들을 위해 스마트폰 활용 교육 봉사활동 진행	'배우면 즐거워져요~' 경기북부 스마트폰 봉사단 매월 정기모임을 통해서 스마트폰 활용지도사의 역량개발과 지역주민들을 위해 스마트폰 활용 교육 봉사활동 진행
경기동부	**경기서부**	**대구지부**
스마트 119 봉사단	**스마트 위드유**	**스마트 소통 약방**
'스마트한 사람들이 모여 지역주민들의 스마트한 인생을 도와드리는 봉사단' 매월 정기모임을 통해서 스마트폰 활용지도사의 역량개발과 지역주민들을 위해 스마트폰 활용 교육 봉사활동 진행	매월 정기모임을 통해서 스마트폰 활용지도사의 역량개발과 지역주민들을 위해 스마트폰 활용 교육 봉사활동 진행	매월 정기모임을 통해서 스마트폰 활용지도사의 역량개발과 지역주민들을 위해 스마트폰 활용 교육 봉사활동 진행

05 SNS소통연구소 **출판 리스트 47권** (2023년도 10월 기준)

SNS소통연구소 **베스트셀러!**

SNS소통연구소 06
전국 지부 및 지국 현황

서울 (지부장-소통대)
- 강남구 (지국장-최영하)
- 강서구 (지국장-문정임)
- 관악구 (지국장-손희주)
- 광진구 (지국장-서순례)
- 강북구 (지국장-명다경)
- 강동구 (지국장-윤진숙)
- 구로구 (지국장-박정옥)
- 노원구 (지국장-전윤이)
- 동작구 (지국장-최상국)
- 동대문구 (지국장-김종현)
- 도봉구 (지국장-오영희)
- 마포구 (지국장-김용금)
- 송파구 (지국장-문윤영)
- 서초구 (지국장-선수옥)
- 성동구 (지국장-이명애)
- 서대문구 (지국장-김수영)
- 성북구 (지국장-조선아)
- 양천구 (지국장-송지열)
- 용산구 (지국장-최영옥)
- 영등포구 (지국장-김은정)
- 은평구 (지국장-노승유)
- 중구 (지국장-유화순)
- 중랑구 (지국장-정호현)
- 종로구 (지국장-김숙명)

경기북부 (지부장-이월례)
- 의정부 (지국장-한경희)
- 양주 (지국장-유은서)
- 동두천/포천 (지국장-김상기)
- 구리 (지국장-김용희)
- 남양주시 (지국장-정덕모)
- 고양시 (지국장-백종우)
- 파주시 (지국장-이성희)

경기동부 (지부장-이종구)
- 성남시 (지국장-노지영)
- 용인시 (지국장-김지태)

경기서부 (지부장-이종구)
- 안양/과천 (지국장-곽문희)
- 시흥시 (지국장-윤정인)
- 부천시 (지국장-김남심)

경기남부 (지부장-이중현)
- 수원 (지국장-권미용)
- 이천/여주 (지국장-김찬곤)
- 평택시 (지국장-임계선)
- 안성시 (지국장-허진건)
- 화성시 (지국장-한금화)

인천광역시
- 서구 (지국장-어현경)
- 남동구 (지국장-장선경)
- 부평구 (지국장-최신만)
- 중구 (지국장-조미영)
- 계양구 (지국장-전혜정)
- 연수구 (지국장-조예윤)

강원도 (지부장-장해영)
- 강릉시 (지국장-임선강)
- 원주시 (지국장-김이섭)
- 춘천시 (지국장-박준웅)

충청남도 (지부장-김미선)
- 청양/아산 (지국장-김경태)
- 금산/논산 (지국장-부성아)
- 천안시 (지국장-김숙)

광주광역시
- 북구 (지국장-김인숙)

대구광역시 (지부장-임진영)
- 수성구 (지국장-김기연)

대전광역시 (지부장-유정화)
- 중구/유성구 (지국장-조대연)

전라남도 (지부장-강영옥)

부산광역시 (지부장-손미연)
- 사상구 (지국장-박소순)
- 해운대구 (지국장-배재기)
- 기장군 (지국장-배재기)
- 연제구 (지국장-조환철)
- 진구 (지국장-김채완)

전라북도 (지부장-송병연)

경상남도
- 양산시 (지국장-한수희)

경상북도 (지부장-남호정)
- 고령군 (지국장-김세희)
- 경주 (지국장-박은숙)
- 경산 (지국장-정다건)

울산광역시 (지부장-김상덕)
- 동구 (지국장-김상수)
- 남구 (지국장-박인완)
- 울주군 (지국장-서선숙)
- 중구 (지국장-장동희)
- 북구 (지국장-이성일)

제주도 (지부장-여원식)

Contents

01 모바일 범죄의 개요 및 현황

모바일 범죄의 정의

모바일 범죄는 모바일 기기나 관련 서비스를 통해 발생하는 범죄를 의미합니다.
모바일 기기는 스마트폰, 태블릿, 스마트 워치 등 다양한 형태가 있으며, 이러한 기기의 확산과 함께 모바일 범죄도 다양한 형태로 발생하고 있습니다.
모바일 범죄의 주요 특징 및 범주는 다음과 같습니다.

1 피싱 및 스미싱

- **피싱(Phishing):** 가짜 웹사이트나 이메일을 통해 사용자의 개인정보나 금융정보를 빼내려는 시도입니다. 모바일 환경에서는 링크를 클릭하게 만드는 메시지나 알림을 통해 피싱 사이트로 유도하는 경우가 많습니다.
- **스미싱(Smishing):** SMS 메시지를 통해 피싱을 시도하는 방법입니다. 보통 긴급한 내용을 담아 사용자를 속이려고 시도합니다.

2 악성 앱

- 사용자의 모바일 기기에 악의적인 코드나 기능을 포함한 앱을 설치하게 만드는 범죄입니다. 이를 통해 개인정보 유출, 광고 표시, 기기의 리소스를 악용하는 등의 행위를 할 수 있습니다.

3 Wi-Fi 스니핑

- 공개 Wi-Fi 네트워크를 통해 사용자의 정보를 도청하거나 가로채는 행위입니다.

4 계정 해킹

- 사용자의 소셜 미디어, 이메일, 온라인 뱅킹 계정 등을 무단으로 접근하거나 해킹하는 행위입니다.

5 랜섬웨어

- 사용자의 모바일 기기에 암호화를 적용해 데이터에 접근을 차단하고, 복구를 위한 금액을 요구하는 악성 프로그램입니다.

6 개인정보 유출

- 모바일 앱, 서비스, 기기의 취약점을 이용하여 사용자의 개인정보를 빼내는 행위입니다.

최근의 모바일 범죄 예시

1 피싱 및 스미싱

- 전 세계적으로 피싱 공격은 계속해서 증가하는 추세였습니다. 특히, 글로벌 팬데믹 상황에서 원격 근무와 온라인 쇼핑이 활성화되면서 피싱 공격의 대상이 더욱 확대되었습니다.

예시 사용자에게 **'코로나19 검사 결과'**나 **'긴급 지원금 지급'** 등의 제목으로 SMS나 이메일을 보내고, 링크를 클릭하게 하여 개인정보를 탈취하는 경우

2 악성 앱

- 앱 스토어에 등록되기 전의 검사를 우회하여 악성 코드가 포함된 앱이 사용자에게 배포되는 경우가 있었습니다.

예시 플래시라이트나 배터리 최적화 앱처럼 보이지만, **실제로는 사용자의 정보를 수집하거나 다른 악의적인 행위**를 하는 앱

3 Wi-Fi 스니핑

- 공공 장소의 무료 Wi-Fi를 이용할 때, 악의적인 사용자가 트래픽을 도청하여 개인정보를 탈취하는 경우가 있었습니다.

예시 카페나 공항에서 제공하는 무료 Wi-Fi에 연결했을 때, **중간자 공격**(Man-in-the-Middle Attack)**을 통해 사용자의 정보가 탈취**되는 경우

4 랜섬웨어

- 모바일 기기에 랜섬웨어가 감염되어 사용자의 데이터에 접근이 차단되고, 복구를 위한 금액을 요구하는 경우가 있었습니다.

예시 악성 앱을 설치한 후, 사용자의 사진, 문서 등이 암호화되고 복구를 위한 **비트코인을 요구하는 메시지가 표시**되는 경우

모바일 범죄의 위험성

모바일 범죄의 위험성은 다양한 측면에서 고려될 수 있습니다. 모바일 기기의 확산과 함께 이러한 위험성은 더욱 증가하고 있으며, 사용자들의 생활에 깊숙히 관련되어 있기 때문에 그 영향력도 큽니다. 다음은 모바일 범죄의 주요 위험성에 대한 설명입니다.

1 개인정보 유출

- 모바일 기기는 사용자의 개인정보, 연락처, 사진, 메시지 등 많은 민감한 정보를 포함하고 있습니다. 이러한 정보가 유출될 경우, 사기, 도용, 명예훼손 등 다양한 범죄에 악용될 수 있습니다.

2 금전적 손실

- 피싱, 스미싱, 악성 앱 등을 통해 사용자의 금융 정보가 탈취될 경우, 무단으로 금액이 인출되거나 큰 금전적 손실을 입을 수 있습니다.

3 기기의 손상 및 데이터 손실

- 악성 앱이나 바이러스에 감염될 경우, 기기의 성능 저하, 데이터 손실, 기기의 완전한 파손 등의 위험이 있습니다.

4 개인 및 가족의 안전 위협

- 위치 정보, 사진, 일상의 습관 등의 정보가 유출될 경우, 스토킹, 괴롭힘, 직접적인 위협 등의 위험에 노출될 수 있습니다.

5 개인의 명예 및 사생활 침해

- 개인의 민감한 정보나 사진, 메시지 등이 유출되어 공개될 경우, 명예훼손, 사생활 침해 등의 문제가 발생할 수 있습니다.

6 서비스 이용의 제한

- 모바일 범죄로 인해 개인의 계정이 해킹되거나 서비스 이용에 제한이 생길 수 있습니다. 이는 온라인 뱅킹, 소셜 미디어, 이메일 등 다양한 서비스에 영향을 줄 수 있습니다.

7 신뢰도 하락

- 모바일 범죄로 인해 개인이나 기업의 신뢰도가 하락할 수 있습니다. 특히 기업의 경우, 고객 정보 유출 등의 사건이 발생하면 브랜드 이미지에 큰 타격을 입을 수 있습니다.

이러한 위험성 때문에 모바일 기기와 서비스를 사용할 때는 항상 주의를 기울여야 합니다. 기본적인 보안 설정, 주기적인 업데이트, 알려지지 않은 출처의 앱 설치를 피하는 등의 조치를 통해 위험을 최소화할 수 있습니다.
스마트폰의 잠금 설정은 기기의 기본 보안 수단 중 하나로, 누군가가 사용자의 허락 없이 기기에 접근하는 것을 방지하는 기능입니다. 잠금 설정을 통해 개인정보, 사진, 메시지, 앱 등의 민감한 데이터를 보호할 수 있습니다.

Hacking

Phishing

Spamming

02 스마트폰의 기본 보안 설정

스마트폰 잠금 설정

스마트폰 잠금 설정의 종류

❶ PIN (개인 식별 번호)

● 일반적으로 4~6자리 의 숫자로 구성된 비밀번호입니다. 간단하며 기억하기 쉽지만, 너무 간단한 숫자 조합 (예: 1234, 0000)은 피하는 것이 좋습니다.

❷ 비밀번호 (Password)

● 알파벳, 숫자, 특수 문자를 조합하여 만든 보안 코드입니다. PIN보다 더 강력한 보안을 제공하지만, 기억하기 어려울 수 있습니다.

❸ 패턴 (Pattern)

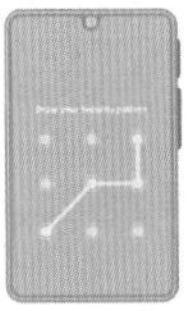

● 화면에 나타나는 점들을 연결하여 패턴을 만드는 방식입니다. 직관적이고 사용하기 쉽지만, 화면에 남는 자국이나 패턴의 간단함으로 인해 보안이 약할 수 있습니다.

❹ 지문 인식 (Fingerprint)

● 사용자의 지문을 스캔하여 기기를 잠금 해제하는 방식입니다. 빠르고 편리하며, 지문의 고유성 때문에 상대적으로 높은 보안성을 제공합니다.

❺ 얼굴 인식 (Face Recognition)

● 사용자의 얼굴 특징을 스캔하여 기기를 잠금 해제하는 방식입니다. 최근의 고급 스마트폰에서는 3D 얼굴 스캔 기능을 제공하여 더욱 높은 보안성을 제공합니다.

❻ 아이리스 스캔 (Iris Scanning)

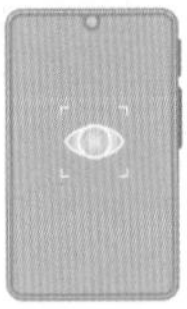

● 일부 최신 스마트폰에서 제공하는 기능으로, 사용자의 눈의 아이리스를 스캔하여 기기를 잠금 해제합니다. 매우 높은 보안성을 제공합니다.

스마트폰 잠금 설정 시 주의사항

❶ 정기적 변경

잠금 코드나 패턴은 정기적으로 변경하는 것이 좋습니다.

> ★ 패턴의 함정 : **흔하게 잘 쓰는 패턴 10가지**
> (QR-CODE 스캔하시면 해당 영상을 시청하실 수 있습니다.)

❷ 복잡성 유지

너무 간단한 코드나 패턴은 피하고, 가능한 복잡한 조합을 사용하는 것이 좋습니다.

❸ 백업 방법 설정

잠금 코드를 잊어버렸을 때를 대비하여 백업 방법
(예: Google 계정을 통한 잠금 해제)을 설정해두는 것이 좋습니다.

❹ 2단계 인증

가능하다면, 2단계 인증 방식을 사용하여 보안성을 높이는 것이 좋습니다.

스마트폰의 잠금 설정은 기본적인 보안 수단이므로, **반드시 설정하고 정기적으로 업데이트하는 습관을 가지는 것이 중요**합니다.

앱 권한 관리

앱 권한 관리는 스마트폰에서 앱이 사용자의 데이터나 기능에 접근하는 것을 제어하는 중요한 보안 기능입니다. 앱을 설치하거나 사용할 때, 해당 앱이 요구하는 권한을 확인하고 승인하는 과정을 통해 사용자의 개인정보와 기기의 기능을 보호할 수 있습니다.

앱 권한 관리를 제대로 하고 싶다면 스마트폰 상단바를 스크롤해서, 우측 상단에 톱니바퀴 아이콘 ①[스마트폰 설정 터치] ▶ ②[애플리케이션 메뉴 터치] ▶ ③[권한 설정하고자 하는 앱 선택] ▶ ④[권한 메뉴 터치] ▶ ⑤[권한 허용할 것과 하지 말아야 할 것 구분]

앱 권한의 종류

❶ **위치 정보 :** 앱이 사용자의 현재 위치나 위치 기록에 접근하는 것을 허용합니다.

❷ **카메라 :** 앱이 카메라를 사용하여 사진이나 동영상을 촬영하는 것을 허용합니다.

❸ **마이크 :** 앱이 마이크를 사용하여 오디오를 녹음하는 것을 허용합니다.

❹ **연락처 :** 앱이 사용자의 연락처에 접근하는 것을 허용합니다.

❺ **전화 :** 앱이 전화 기능에 접근하거나 전화를 걸거나 받는 것을 허용합니다.

❻ **메시지 :** 앱이 문자 메시지에 접근하거나 메시지를 보내거나 받는 것을 허용합니다.

❼ **스토리지 :** 앱이 기기의 내부 스토리지나 외부 SD 카드에 접근하는 것을 허용합니다.

❽ **기타 :** 센서, 달력, 일정 등 다양한 기기의 기능과 데이터에 대한 접근 권한이 있습니다.

앱 권한 관리의 중요성

❶ **개인정보 보호 :** 불필요한 권한을 제한함으로써 개인정보의 무단 접근 및 유출을 방지할 수 있습니다.

❷ **배터리 절약 :** 일부 앱은 불필요한 권한을 사용하여 배터리를 과도하게 소모할 수 있습니다. 권한을 제한함으로써 배터리 수명을 연장할 수 있습니다.

❸ **데이터 사용량 절약 :** 위치 정보나 백그라운드 데이터 접근 등의 권한을 제한함으로써 불필요한 데이터 사용을 줄일 수 있습니다.

앱 권한 관리 방법

❶ **앱 설치 시 권한 확인 :** 앱을 설치할 때 요구하는 권한을 확인하고, 필요하지 않은 권한을 요구하는 앱은 설치를 피하는 것이 좋습니다.

❷ **설정에서 권한 관리 :** 스마트폰의 설정 메뉴에서 '앱' 또는 '권한' 섹션을 통해 각 앱의 권한을 확인하고 조정할 수 있습니다.

❸ **필요 시 권한 활성화 :** 일부 앱은 특정 기능을 사용할 때만 권한을 요구할 수 있습니다. 필요한 경우에만 권한을 활성화하고, 사용 후에는 다시 비활성화 하는 것이 좋습니다.

앱 권한 관리는 사용자의 개인정보와 기기의 보안을 위해 중요한 작업입니다. 따라서 정기적으로 권한을 확인하고, 불필요한 권한을 제한하는 습관을 가지는 것이 좋습니다.

Memo

- [ ]
- [ ]
- [ ]
- [ ]
- [ ]
- [ ]
- [ ]
- [ ]
- [ ]
- [ ]

OS 및 앱 업데이트의 중요성

OS(운영체제) 및 앱의 업데이트는 스마트폰의 안전성과 성능을 유지하고 향상시키는 데 중요한 역할을 합니다. 이러한 업데이트의 중요성에 대해 자세히 알아보겠습니다.

1 보안 강화

- **취약점 패치 :** OS나 앱의 새로운 버전은 기존 버전에서 발견된 보안 취약점을 수정한 것을 포함할 수 있습니다. 이러한 취약점은 해커들에게 악용될 수 있으므로, 업데이트를 통해 이를 방지할 수 있습니다.
- **보안 기능 추가 :** 새로운 버전에서는 추가적인 보안 기능이 포함될 수 있습니다. 이를 통해 기기와 데이터의 보안 수준을 높일 수 있습니다.

2 성능 향상 및 버그 수정

- **속도 및 반응성 개선 :** 업데이트를 통해 OS나 앱의 성능이 최적화될 수 있습니다. 이로 인해 기기의 속도나 앱의 반응성이 향상될 수 있습니다.
- **버그 수정 :** 기존 버전에서 발견된 오류나 문제점을 수정한 내용이 포함될 수 있습니다. 이를 통해 앱의 안정성을 높일 수 있습니다.

3 새로운 기능 및 개선

- **기능 추가 :** 새로운 버전에서는 사용자의 편의를 위한 새로운 기능이 추가될 수 있습니다.
- **UI/UX 개선 :** 사용자 인터페이스나 사용자 경험을 개선하는 변경사항이 포함될 수 있습니다.

4 호환성 유지

- **새로운 하드웨어 지원 :** 새로운 기기나 액세서리와의 호환성을 보장하기 위해 업데이트가 필요할 수 있습니다.
- **다른 앱과의 연동 :** 앱 간의 연동 기능을 사용하기 위해서는 해당 앱들이 최신 버전으로 유지되어야 할 수 있습니다.

5 사용자의 요구 반영

- **사용자 피드백 반영 :** 사용자들의 피드백이나 요청 사항을 반영한 내용이 업데이트에 포함될 수 있습니다.

업데이트 시 주의사항

❶ **업데이트 전 백업 :** 중요한 데이터 손실을 방지하기 위해 업데이트 전에 기기의 데이터를 백업하는 것이 좋습니다.

❷ **업데이트 후 검토 :** 업데이트 후에는 변경사항이나 새로운 기능을 확인하고, 필요한 설정 변경을 진행하는 것이 좋습니다.

결론적으로, OS 및 앱의 업데이트는 기기의 보안, 성능, 사용자 경험을 향상시키는 데 중요한 역할을 합니다. 따라서 가능한 항상 최신 버전으로 유지하는 것이 좋습니다.

Memo

☐
☐
☐
☐
☐
☐
☐
☐
☐
☐
☐
☐
☐

03 피싱 및 스미싱 예방

피싱 및 스미싱의 정의와 예시

피싱과 스미싱은 모두 사용자의 개인정보나 금융정보를 빼내려는 사기 행위의 한 형태입니다. 이 두 용어에 대해 자세히 알아보겠습니다.

1 피싱

● **정의 :** 피싱은 사기범이 가짜 웹사이트나 이메일을 통해 사용자로부터 개인정보나 금융정보를 빼내려는 시도입니다. 개인정보(Private data)와 낚시(Fishing)의 합성어로, 마치 낚시질을 하는 것처럼 정보를 '낚아채려'는 행위를 의미합니다.

① 금융기관을 가장한 이메일 발송 → ② 이메일에서 안내하는 인터넷주소 클릭 → ③ 가짜 은행사이트로 접속 유도 → ④ 보안카드 번호 전부 입력 요구 → ⑤ 금융정보 탈취 → ⑥ 범행계좌로 이체를 유도합니다.

● **피싱(Phishing) 예시**

① **가짜 은행 웹사이트:** 사용자에게 '계좌 정보 확인'이나 '비밀번호 변경'을 요청하는 이메일을 보내고, 그 안에 포함된 링크를 클릭하면 가짜 은행 웹사이트로 연결되는 경우. 사용자가 그곳에서 정보를 입력하면, 사기범은 그 정보를 탈취합니다.

② **소셜 미디어 계정 탈취:** '계정 보안을 위해 비밀번호를 변경해주세요'라는 메시지와 함께 가짜 로그인 페이지 링크를 제공하여, 사용자의 로그인 정보를 빼내는 경우

● **예방법**

① OTP(일회성 비밀번호생성기), 보안토큰(비밀정보 복사방지) 사용
② 출처불명' 또는 금융기관 주소와 '다른 주소'로 발송된 이메일 즉시 삭제
※이메일 첨부파일에 확장자가 'exe,bat, scr 등 압축파일'이면 열람 금지
③ 보안카드번호 전부를 절대 입력하지 말 것
④ 사이트 주소의 정상 여부 확인
※가짜 사이트는 정상 사이트 주소와 유사하나, 문자열 순서·특수문자 삽입 등에서 차이 있음

● **대처 요령**

① 경찰서(신고전화 112)나 금융감독원(민원상담 1332)을 통해 지급정지 요청 후 피싱 피해 내용을 신고하여 '사건사고 사실확인원'을 발급받아 해당 은행에 제출하여 피해금 환급 신청
② **관련신고:** 보호나라&KrCERT (콜센터 118), 금융감독원 보이스피싱 지킴이(민원상담 1332)

2 스미싱 (Smishing)

● **정의 :** 스미싱이란? 문자메시지(SMS)와 피싱(Phishing)의합성어로, SMS 메시지를 통해 피싱을 시도하는 방법입니다. 주로 긴급한 내용을 담아 사용자를 속이려고 시도하며, 링크 클릭이나 전화 걸기를 유도합니다.

① **'무료쿠폰 제공', '돌잔치 초대장', '모바일 청첩장' 등을 내용으로 하는 문자메시지내 인터넷주소 클릭하면 → ② 악성코드가 스마트폰에 설치되어 → ③ 피해자가 모르는 사이에 소액결제 피해 발생 또는 개인·금융정보 탈취**

● 스미싱(Smishing) 예시

① **긴급 지원금 메시지:** '코로나19 긴급 지원금 지급 안내'와 같은 제목으로 SMS를 받고, 링크를 클릭하면 개인정보를 입력하라는 가짜 웹사이트로 연결되는 경우.

② **은행 계좌 정보 확인:** '계좌 보안을 위해 확인 작업이 필요합니다'라는 내용의 SMS를 받고, 제공된 전화번호로 연락하면 사기범이 직접 통화를 통해 정보를 빼내려는 경우

● 예방법

①출처가 확인되지 않은 문자메시지의 인터넷주소를 클릭 금지
※ 지인에게서 온 문자메시지라도 인터넷주소가 포함된 경우 클릭 전에 전화 확인

②미확인 앱이 함부로 설치되지 않도록 스마트폰의 보안설정 강화

③이동사 고객센터에 전화하거나 이통사 인터넷 홈페이지를 이용하여 소액결제를 원천적으로 차단하거나 결제금액 제한
※ 자신의 스마트폰으로 114를 눌러 상담원과 연결해도 소액결제 차단 가능

④스마트폰용 백신프로그램을 설치하고 주기적으로 업데이트

⑤T스토어·올레마켓·LGU+앱스토어 등 공인된 오픈마켓을 통해 앱 설치

⑥ 보안강화·업데이트 명목으로 금융정보를 요구하는 경우 절대 입력 금지

● **스마트폰 보안설정 강화방법 :** 환경설정 > 보안 > 디바이스 관리 > '알 수 없는 출처'에 V체크가 되어 있다면 해제

3 파밍 (Pharming)

- **정의 : 악성코드에 감염된 사용자 PC를 조작하여 금융정보를 빼냄**

  ① 사용자 PC가 악성코드에 감염됨 → ② 정상 홈페이지에 접속하여도 피싱(가짜)사이트로 유도 → ③ 금융정보 탈취 → ④ 범행계좌로 이체 등 정상 홈페이지로 가장하여 금융정보(보안카드번호 전부) 입력을 요구, 신종금융사기의 주요 범행수단

- **예방법**

  ① OTP(일회성 비밀번호생성기),보안토큰(비밀정보 복사방지) 사용
  ② 컴퓨터·이메일 등에 공인인증서, 보안카드 사진, 비밀번호 저장 금지
  ③ 보안카드번호 전부를 절대 입력하지 말 것
  ④ 사이트 주소의 정상 여부 확인
  ※ 가짜 사이트는 정상 사이트 주소와 유사하나, 문자열 순서·특수문자 삽입 등에서 차이 있음
  ⑤ 윈도우, 백신프로그램을 최신 상태로 업데이트하고 실시간 감시상태 유지
  ⑥ 전자금융사기 예방서비스(공인인증서 PC지정 등) 적극 가입(2013. 9. 26 전면 시행)
  ⑦ '출처불명'한 파일이나 이메일은 즉시 삭제 및 무료 다운로드 사이트 이용 자제

- **대처요령**

  ① **피해구제 :** 경찰서(신고전화 112)나 금융감독원(민원상담 1332)을 통해 지급정지 요청 후 파밍 피해 내용을 신고하여 '사건사고 사실확인원'을 발급받아 해당 은행에 제출하여 피해금 환급 신청

  ② **악성코드 삭제 :** KISA '보호나라' 서비스, 백신프로그램을 이용하여 치료하거나 피해 컴퓨터 포맷 조치

  ③ **관련신고 :** 금융감독원 보이스피싱 지킴이 (민원상담 1332), 보호나라&KrCERT (콜센터 118)

4 메모리해킹

- **정의 : 메모리해킹이란,** 피해자 PC 메모리에 상주한 악성코드로 인하여 정상 은행사이트에서 보안카드번호 앞·뒤 2자리만 입력해도 부당 인출하는 수법

- **예방법**

①OTP(일회성 비밀번호생성기), 보안토큰(비밀정보 복사방지) 사용

②컴퓨터·이메일 등에 공인인증서, 보안카드 사진, 비밀번호 저장 금지

③윈도우, 백신프로그램을 최신 상태로 업데이트하고 실시간 감시상태 유지

④전자금융사기 예방서비스(공인인증서 PC지정 등) 적극 가입

⑤출처 불명한 파일이나 이메일은 열람하지 말고 즉시 삭제

⑥영화·음란물 등 무료 다운로드 사이트 이용 자제

- **대처요령**

① **피해구제 :** 경찰서(신고전화 112)나 금융감독원(민원상담 1332)을 통해 지급정지 요청 후 메모리해킹 피해 내용을 신고하여 '사건사고 사실확인원'을 발급받아 해당 은행에 제출하여 피해금 환급 신청

②**악성코드 삭제 :** KISA '보호나라' 서비스, 백신프로그램을 이용하여 치료하거나 피해 컴퓨터 포맷 조치

③**관련신고 :** 금융감독원 (민원상담 1332), 보호나라&KrCERT (콜센터 118)

이러한 피싱, 스미싱, 파밍 및 메모리 해킹 공격은 사용자의 정보를 탈취하여 금전적 손해, 개인정보 유출, 명예훼손 등 다양한 피해를 입힐 수 있습니다. 따라서 이러한 메시지나 이메일을 받았을 때, 출처를 항상 확인하고, 의심스러운 링크나 첨부파일은 클릭하지 않는 것이 중요합니다.

피싱 사이트 및 메시지를 구별하는 방법

피싱 사이트나 메시지를 구별하는 것은 중요한 보안 습관 중 하나입니다. 다음은 피싱 사이트와 메시지를 구별하는 주요 방법들입니다.

1 URL 주소 확인

- 피싱 사이트는 종종 실제 웹사이트와 유사한 URL을 사용합니다. 하지만 약간의 오타나 다른 도메인을 사용할 수 있으므로 주소를 주의 깊게 확인하세요.
  예: 'www.bankofamerica.com' 대신 'www.bankofamericaa.com' 또는 'www.bank-of-america.com'과 같은 주소 사용.

2 HTTPS 및 SSL 인증서 확인

- 웹사이트 주소창에서 'https://'로 시작하는지 확인하세요. HTTPS는 웹사이트와 사용자 간의 통신이 암호화되어 있음을 나타냅니다.
- 또한, 주소창 옆에 있는 자물쇠 아이콘을 클릭하여 SSL 인증서의 유효성을 확인할 수 있습니다.

3 언어 및 문법 오류

- 피싱 메시지나 웹사이트는 종종 언어나 문법 오류를 포함하고 있을 수 있습니다. 이러한 오류는 사기성 내용일 가능성이 높습니다.

4 무리한 요구사항

- 긴급한 행동을 요구하는 메시지 (예: "즉시 로그인하십시오" 또는 "계정이 정지되었습니다")는 의심해야 합니다.
- 또한, 비밀번호, 계좌 번호, 주민등록번호 등의 민감한 정보를 요구하는 메시지에도 주의해야 합니다.

5 이메일 발신자 확인

- 이메일의 발신자 주소를 확인하세요. 피싱 이메일은 종종 실제 기관의 공식 이메일과 유사한 주소를 사용할 수 있습니다.
  예: 'support@bankofamerica.com' 대신 'support@**bankofamericaa**.com' 사용

6 무작정 링크 클릭 피하기

- 이메일이나 메시지에 포함된 링크를 클릭하기 전에, 링크의 목적지를 미리 확인하세요. 대부분의 이메일 클라이언트나 웹 브라우저에서는 링크 위에 마우스를 올려놓으면 실제 URL을 미리 볼 수 있습니다.

7 첨부파일 주의

- 알려지지 않은 발신자로부터의 첨부파일은 열지 않는 것이 좋습니다. 이러한 첨부파일은 악성 코드나 바이러스를 포함하고 있을 수 있습니다.

8 공식 채널을 통한 확인

- 의심스러운 메시지나 이메일을 받았을 경우, 해당 기관의 공식 웹사이트나 고객 서비스 센터에 직접 연락하여 확인하세요.

9 피싱 예방 툴 사용

- 많은 웹 브라우저나 보안 소프트웨어는 피싱 사이트를 감지하고 경고하는 기능을 제공합니다. 이러한 툴을 활용하여 피싱을 예방할 수 있습니다.

이러한 방법들을 통해 피싱 사이트나 메시지를 구별하고, 개인정보와 금융정보를 보호할 수 있습니다. 항상 주의 깊게 정보를 다루는 습관을 가지는 것이 중요합니다.

안전한 웹 서핑 습관

안전한 웹 서핑은 개인정보 보호, 금융정보 보호, 그리고 기기 보호를 위해 중요합니다. 다음은 안전한 웹 서핑 습관에 대한 몇 가지 권장 사항입니다.

1 안전한 연결 사용

- 웹사이트 방문 시 'https://'로 시작하는 주소를 사용하는지 확인하세요. HTTPS는 데이터가 암호화되어 전송되므로 중간에서 데이터가 도청되는 것을 방지합니다.
- 주소창에 있는 자물쇠 아이콘을 통해 사이트의 보안 인증서 정보를 확인할 수 있습니다.

2 피싱 사이트 주의

- 의심스러운 링크나 이메일, 팝업에는 클릭하지 않는 것이 좋습니다. 특히 긴급하게 정보 입력을 요구하는 경우 주의가 필요합니다.

3 안전하지 않은 다운로드 피하기

- 알려지지 않은 웹사이트에서의 소프트웨어나 파일 다운로드는 피하는 것이 좋습니다. 이러한 파일에는 바이러스나 악성 코드가 포함될 수 있습니다.

4 쿠키 및 트래킹 설정 관리

- 웹 브라우저의 설정에서 쿠키와 웹사이트 추적을 관리할 수 있습니다. 필요한 경우 쿠키를 삭제하거나, 사이트별로 쿠키 사용을 제한할 수 있습니다.

5 개인정보 제한

- 웹사이트 가입이나 서비스 이용 시 필요한 정보만 제공하는 것이 좋습니다. 불필요한 개인정보는 입력하지 않는 것이 안전합니다.

6 애드블록 및 보안 확장 프로그램 사용

- 광고 차단 확장 프로그램(AdBlocker)이나 보안 관련 확장 프로그램을 사용하여 웹 서핑 시의 위험을 줄일 수 있습니다.

7 웹 브라우저 및 플러그인 업데이트

- 웹 브라우저와 관련 플러그인(예: Flash, Java)은 항상 최신 버전으로 유지하는 것이 좋습니다. 이는 보안 취약점을 최소화하는 데 도움이 됩니다.

8 방화벽 및 안티바이러스 소프트웨어 사용

- 개인 컴퓨터에 방화벽과 안티바이러스 소프트웨어를 설치하고, 항상 최신 상태로 유지하는 것이 중요합니다.

9 로그인 정보 보호

- 다양한 웹사이트에 동일한 비밀번호를 사용하지 않는 것이 좋습니다. 또한, 복잡한 비밀번호를 사용하고 정기적으로 변경하는 습관을 가지는 것이 좋습니다.

10 2단계 인증 사용

- 가능한 경우, 2단계 인증(2-Factor-Authentication)을 활성화하여 계정의 보안을 강화하세요. 이는 비밀번호만으로 로그인하는 것보다 훨씬 안전합니다.

이러한 습관들을 통해 웹 서핑 시 발생할 수 있는 다양한 위험으로부터 자신을 보호할 수 있습니다.

04 악성 앱 및 바이러스 예방

악성 앱의 특징 및 예시

악성 앱은 사용자의 개인 정보를 탈취하거나, 기기를 손상시키거나, 불필요한 광고를 표시하는 등의 악의적인 행위를 수행하는 앱을 의미합니다. 이러한 악성 앱은 다양한 방법으로 사용자의 기기에 설치될 수 있으며, 그 특징과 예시에 대해 자세히 알아보겠습니다.

1 악성 앱의 특징

① **권한 요구:** 악성 앱은 종종 필요 이상의 권한을 요구합니다. 예를 들어, 단순한 플래시라이트 앱이 연락처, 위치, 카메라 등의 권한을 요구하는 경우, 이는 의심스러운 행동입니다.

② **불필요한 광고:** 앱 사용 중 지속적으로 팝업 광고가 표시되거나, 원치 않는 알림이 발생하는 경우 악성 앱일 가능성이 있습니다.

③ **비정상적인 배터리 소모:** 악성 앱은 백그라운드에서 활동하며 기기의 배터리를 빠르게 소모시킬 수 있습니다.

④ **앱 아이콘 숨김:** 일부 악성 앱은 설치 후 홈 화면에서 아이콘을 숨기는 기능을 가질 수 있습니다.

⑤ **알려지지 않은 출처:** 공식 앱 스토어가 아닌, 알려지지 않은 웹사이트나 링크를 통해 다운로드되는 경우 악성 앱일 가능성이 높습니다.

⑥ **비정상적인 데이터 사용:** 악성 앱은 사용자의 데이터를 백그라운드에서 전송할 수 있으므로, 앱별 데이터 사용량을 확인하여 이상한 데이터 사용 패턴을 감지해야 합니다.

⑦ **피싱 앱:** 신뢰할 만한 앱이나 웹사이트처럼 위장하여 사용자의 개인 정보나 금융 정보를 훔치는 앱입니다.

⑧ **불법 콘텐츠 앱:** 불법적인 콘텐츠를 배포하거나 접근할 수 있게 해주는 앱입니다.

⑨ **SMS 또는 MMS 전송 앱:** 사용자의 문자 메시지를 읽고 전송할 수 있는 앱입니다. 이를 통해 스팸 메시지를 전송하거나 비용을 부과할 수 있습니다.

⑩ **스팸봇 앱:** 사용자의 연락처 목록에서 스팸 메시지를 자동으로 전송하는 앱입니다.

2 악성 앱의 예시

① **스파이웨어:** 사용자의 행동을 모니터링하고, 개인 정보를 탈취하는 앱.

② **랜섬웨어:** 사용자의 기기나 파일을 잠그고, 해제를 위해 돈을 요구하는 앱.

③ **트로이 목마:** 다른 유용한 기능을 제공하는 것처럼 보이지만, 악의적인 코드를 포함하고 있는 앱.

❹ **애드웨어:** 사용자에게 불필요한 광고를 지속적으로 표시하는 앱.

❺ **가짜 앱:** 인기 있는 앱을 모방하여 만들어진 앱.
이러한 앱은 종종 사용자의 로그인 정보를 탈취하려고 시도합니다.

악성 앱을 피하기 위해서는 항상 공식 앱 스토어에서만 앱을 다운로드하고, 앱의 리뷰와 평점, 권한 요구 사항을 주의 깊게 확인하는 것이 중요합니다. 또한, 안티바이러스나 모바일 보안 앱을 사용하여 기기를 보호하는 것도 좋은 방법입니다.

위에 설명한 '가짜 앱' 예시

"가짜 앱"은 인기 있는 앱을 모방하여 만들어진 앱으로, 주로 사용자의 정보를 탈취하거나 악의적인 광고를 표시하는 목적으로 제작됩니다. 이러한 가짜 앱은 공식 앱 스토어에도 등장할 수 있으므로 주의가 필요합니다. 다음은 가짜 앱의 몇 가지 예시입니다.

❶ **가짜 은행 앱:** 특정 은행의 모바일 뱅킹 앱을 모방하여 제작된 앱. 사용자가 로그인 정보를 입력하면, 이 정보가 사기범에게 전송됩니다.

❷ **가짜 소셜 미디어 앱:** Facebook, Twitter, Instagram 등의 인기 소셜 미디어 앱을 흉내낸 앱. 로그인 시도 시 사용자의 계정 정보를 탈취합니다.

❸ **가짜 게임 앱:** 인기 있는 게임을 모방하여 제작된 앱. 이러한 앱은 종종 무분별한 광고를 표시하거나, 사용자의 기기에서 민감한 권한을 요구합니다.

❹ **가짜 유틸리티 앱:** 플래시라이트, 배터리 최적화, Wi-Fi 분석기 등의 유용한 기능을 제공한다고 주장하는 앱. 실제로는 사용자의 데이터를 수집하거나, 악의적인 광고를 표시합니다.

❺ **가짜 안티바이러스 앱:** 기기를 보호한다고 주장하면서 사실은 악성 코드를 포함하고 있는 앱. 사용자의 정보를 탈취하거나 다른 악성 행위를 수행합니다.

❻ **가짜 업데이트 알림:** 사용자에게 시스템이나 앱의 업데이트가 필요하다는 알림을 보내고, 실제로는 악성 앱을 설치하도록 유도하는 앱입니다.

이러한 가짜 앱을 피하기 위해서는 앱을 다운로드하기 전에 다음 사항들을 확인하는 것이 좋습니다.

- 앱의 리뷰와 평점을 확인합니다.
- 앱 개발자의 다른 앱이나 개발자에 대한 정보를 확인합니다.
- 앱의 권한 요구 사항을 주의 깊게 검토합니다.
- 가능하다면, 앱의 웹사이트나 공식 채널을 통해 앱의 진위를 확인합니다.

안전한 앱 다운로드 방법

안전한 앱 다운로드는 스마트폰과 태블릿 사용자에게 중요한 주제입니다. 악성 앱이나 가짜 앱을 다운로드하는 것은 개인 정보 유출, 금융 피해, 기기의 손상 등 다양한 위험을 초래할 수 있습니다. 따라서 앱을 다운로드할 때 다음과 같은 안전한 방법을 따르는 것이 좋습니다

1 공식 앱 스토어 이용

- **Android의 경우 Google Play Store, iOS의 경우 Apple App Store와 같은 공식 앱 스토어에서만 앱을 다운로드하세요.**
- 공식 앱 스토어는 앱의 보안 검사를 진행하므로, 비공식 소스보다는 상대적으로 안전합니다.

2 개발자 정보 확인

- 앱의 개발자나 제공자 정보를 확인하세요. 알려진 브랜드나 기업에서 제공하는 앱은 믿을 만합니다. 예를 들어, 인기 게임이나 유틸리티 앱의 경우, 공식 개발자나 회사가 제공하는지 확인하세요.

3 리뷰와 평점 검토

- 앱의 사용자 리뷰와 평점을 확인하여 앱의 품질과 안정성을 파악하세요.
- 일관되게 낮은 평점이나 부정적인 리뷰가 많은 앱은 주의가 필요합니다.

4 권한 요구 사항 확인

- 앱이 요구하는 권한을 주의 깊게 검토하세요. 예를 들어, 플래시라이트 앱이 연락처나 위치 정보에 접근하려고 한다면 이는 의심스러울 수 있습니다.

5 앱 설명 및 업데이트 내역 검토

- 앱의 설명, 스크린샷, 업데이트 내역 등을 통해 앱의 기능과 목적을 파악하세요.
- 최근 업데이트 내역이나 지속적인 개발 활동은 앱의 신뢰성을 나타낼 수 있습니다.

6 안티바이러스 소프트웨어 사용

- 안티바이러스 또는 모바일 보안 앱을 사용하여 기기를 보호하세요. 이러한 앱은 악성 앱을 감지하고 경고해줄 수 있습니다.

7 앱 다운로드 전 검색

- 앱의 이름과 함께 "사기"나 "악성"과 같은 키워드로 검색하여 해당 앱에 대한 부정적인 정보나 경고가 있는지 확인하세요.

8 앱의 크기 및 다운로드 횟수 확인

- 인기 있는 앱의 경우 다운로드 횟수가 많을 것입니다. 또한, 앱의 크기가 너무 작거나 예상보다 크다면 주의가 필요합니다.

9 비공식 소스 사용 피하기

- APK 파일 다운로드 사이트나 비공식 앱 스토어와 같은 비공식 소스에서의 앱 다운로드는 피하는 것이 좋습니다.

이러한 방법들을 통해 안전하게 앱을 다운로드하고, 모바일 기기와 개인 정보를 보호할 수 있습니다.

바이러스 검사 및 제거 방법

바이러스는 컴퓨터나 모바일 기기의 성능을 저하시키거나, 개인 정보를 탈취하고, 다른 악성 행위를 수행할 수 있습니다. 따라서 바이러스 검사 및 제거는 기기의 안전을 위해 중요합니다. 다음은 바이러스 검사 및 제거 방법에 대한 설명입니다.

1 안티바이러스 소프트웨어 설치

- 안티바이러스 소프트웨어는 바이러스를 검사하고 제거하는 데 필수적입니다.
- McAfee, Norton, Avast, AVG, Kaspersky, Bitdefender 등의 유명한 안티바이러스 소프트웨어를 선택하여 설치하세요.

2 최신 버전으로 업데이트

- 바이러스 정의 데이터베이스를 항상 최신 상태로 유지하세요. 이는 새로운 바이러스나 악성 코드를 탐지하는 데 중요합니다.
- 대부분의 안티바이러스 소프트웨어는 자동 업데이트 기능을 제공합니다.

3 전체 스캔 실행

- 안티바이러스 소프트웨어를 사용하여 컴퓨터나 모바일 기기의 전체 스캔을 실행하세요.
- 전체 스캔은 시간이 오래 걸릴 수 있으므로, 사용하지 않는 시간에 스캔을 진행하는 것이 좋습니다.

4 검사 결과 확인 및 제거

- 스캔이 완료되면 결과를 확인하세요. 만약 바이러스나 악성 코드가 발견된다면, 안티바이러스 소프트웨어의 지침에 따라 해당 항목을 격리하거나 제거하세요.

5 안전한 웹 서핑 습관 갖기

- 바이러스나 악성 코드는 종종 악성 웹사이트나 이메일 첨부 파일을 통해 전파됩니다.
- 의심스러운 웹사이트 방문, 이메일 첨부 파일 열기, 알려지지 않은 출처의 소프트웨어 다운로드 등을 피하세요.

6 정기적인 스캔 스케줄 설정

- 안티바이러스 소프트웨어의 스케줄 설정 기능을 사용하여 주기적으로 자동 스캔을 실행하도록 설정하세요.

7 백업 유지

- 바이러스에 감염되거나 시스템에 문제가 발생할 경우, 중요한 데이터를 복구하기 위해 정기적으로 데이터 백업을 유지하세요.

8 운영체제 및 소프트웨어 업데이트

- 운영체제와 설치된 소프트웨어의 보안 업데이트를 정기적으로 설치하세요. 이는 알려진 보안 취약점을 수정하여 바이러스나 악성 코드의 침투를 방지하는 데 도움이 됩니다.

이러한 방법들을 통해 바이러스로부터 기기를 보호하고, 만약 바이러스에 감염되더라도 효과적으로 대응할 수 있습니다.

Memo

- [ ]
- [ ]
- [ ]
- [ ]
- [ ]
- [ ]
- [ ]
- [ ]
- [ ]
- [ ]

05 WI-FI 및 블루투스 보안

공공 Wi-Fi의 위험성

공공 Wi-Fi는 카페, 공항, 도서관, 대중교통 등 다양한 장소에서 제공되는 무선 인터넷 서비스입니다. 이러한 서비스는 편리하지만, 여러 가지 보안 위험성이 있습니다. 공공 Wi-Fi의 위험성에 대해 자세히 알아보겠습니다.

1 중간자 공격 (Man-in-the-Middle Attack)

- 공격자가 사용자와 웹사이트나 서비스 사이에 위치하여 통신을 가로채거나 조작하는 공격입니다.
- 이를 통해 공격자는 사용자의 개인 정보, 로그인 정보, 신용카드 정보 등을 탈취할 수 있습니다.

2 스니핑 (Sniffing)

- 공격자가 네트워크 트래픽을 모니터링하여 데이터 패킷을 가로채는 행위입니다.
- 암호화되지 않은 네트워크에서는 이메일, 메시지, 웹 브라우징 내용 등이 노출될 수 있습니다.

3 악의적인 핫스팟

- 공격자가 공공 장소에서 악의적인 Wi-Fi 핫스팟을 생성하여 사용자를 유인하는 경우가 있습니다.
- 이러한 핫스팟에 연결하면, 공격자는 연결된 기기에 악성 코드를 주입하거나, 사용자의 통신을 모니터링할 수 있습니다.

4 악성 소프트웨어 유포

- 공공 Wi-Fi를 사용하면서 악성 소프트웨어나 바이러스에 감염될 위험이 있습니다.
- 특히, 업데이트나 소프트웨어 다운로드를 진행할 때 주의가 필요합니다.

5 세션 하이재킹 (Session Hijacking)

- 공격자가 사용자의 세션을 가로채어 서비스에 무단으로 접근하는 공격입니다.
- 예를 들어, 사용자가 로그인한 상태의 웹사이트나 서비스의 세션을 공격자가 탈취하여 해당 서비스를 이용할 수 있습니다.

6 암호화되지 않은 네트워크

- 많은 공공 Wi-Fi는 암호화되지 않은 네트워크를 제공합니다.
- 이러한 네트워크에서는 데이터가 암호화되지 않고 전송되므로, 공격자가 쉽게 데이터를 가로챌 수 있습니다.

대응 방안

① 공공 Wi-Fi 사용 시 중요한 거래나 민감한 정보 전송을 피하세요.

② VPN (Virtual Private Network)을 사용하여 통신을 암호화하세요.

③ HTTPS와 같은 암호화된 웹사이트만 방문하세요.

④ Wi-Fi 연결 후, 공유 설정을 꺼두세요.

⑤ 항상 기기의 보안 소프트웨어와 운영체제를 최신 상태로 유지하세요.

공공 Wi-Fi의 편리함에도 불구하고, 위의 위험성을 인지하고 적절한 대응 방안을 통해 안전하게 사용하는 것이 중요합니다.

Memo

안전한 Wi-Fi 사용 방법

Wi-Fi를 안전하게 사용하기 위해서는 몇 가지 주요한 조치와 습관을 갖추는 것이 중요합니다. 다음은 안전한 Wi-Fi 사용 방법에 대한 설명입니다.

1 공개 Wi-Fi 사용 제한

- 가능하면 공공 장소에서 제공하는 무료 Wi-Fi는 사용을 피하거나, 필요한 경우에만 잠시 연결하세요.
- 특히, 민감한 작업 (예: 인터넷 뱅킹, 개인 정보 입력)은 공개 Wi-Fi에서 피하세요.

2 VPN 사용

- VPN (Virtual Private Network)은 인터넷 연결을 암호화하여 외부의 눈에서 보호합니다.
- 공개 Wi-Fi를 사용할 때 VPN을 활성화하면, 데이터 전송이 암호화되어 중간자 공격 등의 위험에서 상대적으로 안전합니다.

3 HTTPS 사용

- 웹사이트 방문 시 URL이 "https://"로 시작하는지 확인하세요. HTTPS는 웹 트래픽을 암호화하여 보안을 강화합니다.
- "HTTP Everywhere"와 같은 브라우저 확장 프로그램을 사용하여 가능한 모든 사이트에서 HTTPS를 강제로 사용할 수 있습니다.

4 자동 연결 기능 끄기

- 스마트폰, 태블릿, 노트북 등의 기기에서 Wi-Fi 자동 연결 기능을 끄세요. 이렇게 하면 알려지지 않은 네트워크에 자동으로 연결되는 것을 방지할 수 있습니다.

5 네트워크 공유 설정 확인

- 공개 Wi-Fi에 연결될 때 파일 공유, 프린터 공유 등의 네트워크 공유 설정이 꺼져 있는지 확인하세요.

6 Wi-Fi 연결 후 로그아웃

- 공개 Wi-Fi를 사용하여 로그인한 서비스나 웹사이트에서는 사용 후 반드시 로그아웃 하세요.

7 Wi-Fi 인증 페이지의 보안 확인

- 공공 Wi-Fi를 사용할 때 로그인 또는 인증을 요구하는 페이지가 나타나면, 해당 페이지의 보안 상태와 URL을 확인하세요.

8 기기의 보안 소프트웨어 유지

- 기기에 안티바이러스나 보안 소프트웨어를 설치하고, 항상 최신 상태로 업데이트하세요.

9 홈 네트워크 보안 강화

- 개인적으로 사용하는 Wi-Fi 네트워크에서는 WPA3와 같은 강력한 암호화 방식을 사용하세요.
- 라우터의 기본 로그인 정보를 변경하고, 강력한 비밀번호를 설정하세요.
- 라우터의 펌웨어를 정기적으로 업데이트하세요.

이러한 조치와 습관을 통해 Wi-Fi를 보다 안전하게 사용할 수 있습니다. 특히, 공개 Wi-Fi는 편리하지만 위험성도 높으므로 주의 깊게 사용하는 것이 중요합니다.

블루투스 보안 설정 및 주의사항

블루투스는 다양한 기기 간의 무선 통신을 가능하게 하는 기술입니다. 그러나 블루투스 연결도 보안 위험에 노출될 수 있으므로, 적절한 보안 설정과 주의사항을 알고 있어야 합니다.

블루투스 보안 설정

❶ **페어링 모드 제한:** 블루투스 기기를 다른 기기와 페어링할 때만 '검색 가능' 모드로 설정하고, 페어링이 완료되면 '검색 불가' 모드로 변경하세요.

❷ **알려지지 않은 기기의 연결 요청 거부:** 알려지지 않은 기기나 의심스러운 기기로부터의 연결 요청은 항상 거부하세요.

❸ **페어링 시 PIN 코드 사용:** 가능하면 페어링 과정에서 PIN 코드나 암호를 설정하여 무작위 연결을 방지하세요.

❹ **연결 기록 정리:** 불필요한 블루투스 연결 기록은 정기적으로 삭제하세요. 오래된 연결 기록이나 더 이상 사용하지 않는 기기의 연결 정보는 삭제하는 것이 좋습니다.

❺ **펌웨어 업데이트:** 블루투스 기능이 내장된 기기의 펌웨어를 최신 상태로 유지하세요. 제조사에서 제공하는 보안 업데이트를 통해 알려진 취약점을 수정할 수 있습니다.

블루투스 사용 시 주의사항

❶ **공공 장소에서의 사용 제한:** 공공 장소나 사람이 많은 곳에서는 블루투스 기능을 꺼두는 것이 좋습니다. 이는 중간자 공격 (Man-in-the-Middle Attack) 등의 위험을 줄일 수 있습니다.

❷ **블루투스 범위 인식:** 블루투스의 작동 범위는 대부분 짧지만, 연결된 기기가 범위 내에 있음을 항상 인식하고 있어야 합니다.

③ **블루투스 보안 수준 확인:** 고급 블루투스 기기는 추가적인 보안 기능을 제공할 수 있습니다. 사용 중인 기기의 보안 수준을 확인하고, 가능한 최고 수준의 보안 설정을 사용하세요.

④ **블루투스 사용 최소화:** 필요할 때만 블루투스를 켜고, 사용하지 않을 때는 꺼두는 습관을 갖는 것이 좋습니다.

⑤ **알려지지 않은 기기로부터의 파일 전송 거부:** 블루투스를 통한 파일 전송 요청이 있을 경우, 해당 기기를 인식하지 못한다면 전송을 거부하세요. 악성 코드가 포함된 파일을 받을 위험이 있습니다.

블루투스는 매우 편리한 기술이지만, 그만큼 보안에 대한 주의가 필요합니다. 위의 설정과 주의사항을 지키면서 안전하게 블루투스를 사용하세요.

06 개인정보 보호 및 백업

1 개인정보의 정의

● **개인정보란?**

'내가 누구인지 확인할 수 있는 정보'

'개인정보 보호법'에서는 살아있는 개인에 대한 정보를 개인정보라고 한다.

2 개인정보의 종류

● 개인정보가 유출되면, 공격자가 다른 사람의 이름으 로 대출을 받거나 신용카드를 발급받는 등의 행위를 할 수 있습니다. 이로 인해 피해자의 신용 점수가 손상될 수 있습니다.

가족관계, 연락처,
학교 및 직장정보 등

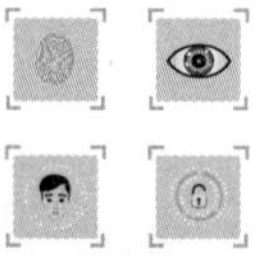

얼굴, 홍채 목소리
지문, 키, 몸무게, 건강상태 등

이름, 주민등록번호,
주소, 사진, 여권번호 등

계좌번호, 신용카드 번호 등

종교, 개인신념,
물건구매 내역 등

3 스마트폰에서 개인정보 보호하기

"내 스마트폰에는 어떤 개인정보가 들어 있을까?"

1) 내 스마트폰의 모델명 알기

- **내 스마트폰의 기계 이름을 아는 방법 :** 설정 ▶ 휴대전화 정보 ▶ 모델명
- 스마트폰의 종류에 따라 메뉴의 버튼, 사용법이 달라 모델명을 알아야 사용법을 익히기 편리하다.

2) IMEI(국제 모바일 기기 식별번호)를 노출하지 않는다.

① 제조사가 단말기를 제작할 때 부여하는 15자리 번호.

② 주민등록번호와 같은 역할이므로 노출 금지.

③ 중고폰 거래시 한국정보통신진흥협회에서 운영하는 IMEI 조회사이트에서 휴대폰의 분실/ 도난 여부 등을 알 수 있음.

3) 누가 제공하는지 알 수 없는 와이파이는 이용하지 않는다.

- 공공 와이파이도 비밀 번호가 있는 와이파이를 사용한다.
- 금융 거래시 모바일 데이터를 사용하는 것이 안전하다.

4) 스마트 폰에서 앱을 다운받을 때에는 공식 앱에서 받는다.

Google Play | 앱스토어 | 원 스토어 | Galaxy Store

5) 출처를 알 수 없는 앱 설치 금지

설정 – 보안 및 개인 정보 보호 – 출처를 알 수 없는 앱 – 모두 허용 안함

6) 과도한 권한을 요구하는 앱은 설치하지 않는다.

ex) 음악감상을 위해 앱을 설치했는데 카메라, 사진, 위치정보, 연락처, 건강정보 등의 과도한 권한 허용을 요구하는 앱은 설치하지 않는다.

7) 문자나 메신저에 포함된 인터넷 주소 누르지 않는다.

모바일청첩장
저희 결혼식에 초대합니다
많은참석 부탁드릴게요
일시: 10.24(일)
장소: gumc.tv/예식장안내

[알리미] 형사소송건으로
인한 법원출석서가
발부되었습니다 내용확인
xuto.tk/court

모바일 돌잔치 초대장을
보내드렸습니다 참석하여
주시기바랍니다 oa.to/PJazvb

8) 스마트폰 잠금화면을 설정합니다. (비밀번호, 지문, 화면 패턴, 얼굴인식 등)

• **화면 잠금 설정하기 :** 스마트폰 잠금화면에 자물쇠가 생긴다.

9) 스마트폰에 중요한 정보는 저장하지 않는다.

ex) 여권 사진, 주민등록증 사진, 카드 사진, 통장 사진 등

10) 스마트폰 운영체제 프로그램과 백신 프로그램은 최신버전으로 업데이트

설정 – 소프트웨어정보 – 소프트웨어 업데이트

개인정보보호하기 CHECK LIST

항 목	자신 있다	연습이 필요하다
1. **개인정보의 뜻** 알기	○	○
2. 스마트폰에서 **개인정보를 보호하는 방법** 알기	○	○
3. 스마트폰 **운영체제 및 백신 업데이트** 하기	○	○
4. **출처가 불분명한 앱 설치 허용 금지 설정**하기	○	○
5. **잠금화면 설정**하기	○	○
6. **와이파이 연결**하기	○	○
7. **스마트폰에 있는 개인정보 관리**하기	○	○

개인정보 유출의 위험성

개인정보 유출은 현대 사회에서 큰 문제로 여겨지며, 다양한 위험성을 수반합니다. 개인정보가 유출되면 그 결과는 개인, 기업, 그리고 사회 전체에 큰 영향을 미칠 수 있습니다. 다음은 개인정보 유출의 주요 위험성에 대한 설명입니다.

1 금융적 손실

- 개인정보 유출로 인해 신용카드 정보, 은행 계좌 정보 등이 탈취될 경우, 사기 행위나 무단으로 금액이 인출될 수 있습니다.

2 신용 정보 손상

- 개인정보가 유출되면, 공격자가 다른 사람의 이름으 로 대출을 받거나 신용카드를 발급 받는 등의 행위를 할 수 있습니다. 이로 인해 피해자의 신용 점수가 손상될 수 있습니다.

3 개인 및 가족의 안전 위협

- 주소, 전화번호, 가족 구성원 정보 등의 개인정보가 유출되면, 스토킹, 괴롭힘, 그리고 기타 범죄 행위의 위험에 노출될 수 있습니다.

4 사기 및 피싱 공격

- 유출된 개인정보를 바탕으로 사기범들이 피싱 메일이나 사기 전화를 시도할 수 있습니다. 이를 통해 추가적인 정보나 금전을 탈취하려고 시도할 수 있습니다.

5 명예 훼손 및 개인의 프라이버시 침해

- 개인의 사진, 연락처, 개인적인 메시지 등이 유출되면, 이를 바탕으로 명예를 훼손하는 행위나 사생활 침해가 발생할 수 있습니다.

6 기업의 비즈니스 손실

- 기업 내부의 중요한 정보나 고객의 개인정보가 유출되면, 기업의 명성 손상, 법적 책임, 그리고 비즈니스 손실이 발생할 수 있습니다.

7 사회적 신뢰도 하락

- 주요 기관이나 정부 기관에서 개인정보 유출 사건이 발생하면, 해당 기관에 대한 사회적 신뢰도가 크게 하락할 수 있습니다.

8 장기적인 영향

- 한 번 유출된 개인정보는 인터넷 상에서 쉽게 사라지지 않습니다. 따라서, 유출된 정보로 인한 피해는 장기적으로 지속될 수 있습니다.

개인정보 유출의 위험성을 인지하고, 개인정보를 보호하기 위한 다양한 조치와 습관을 갖추는 것이 중요합니다. 비밀번호 관리, 안전한 인터넷 사용 습관, 개인정보 제공의 최소화 등을 통해 개인정보의 보호를 강화할 수 있습니다.

Memo

개인정보 보호를 위한 스마트폰 설정

스마트폰은 우리의 일상에서 필수적인 도구가 되었으며, 다양한 개인정보와 중요한 데이터를 저장하고 있습니다. 따라서 스마트폰의 보안 설정은 개인정보 보호의 핵심적인 부분입니다. 다음은 개인정보 보호를 위한 스마트폰 설정에 대한 설명입니다.

1 화면 잠금 설정

- 항상 스마트폰의 화면 잠금 기능을 활성화하세요.
- PIN, 패턴, 비밀번호, 지문 인식, 얼굴 인식 등 다양한 잠금 방식 중에서 강력한 방식을 선택하여 사용하세요.

2 앱 권한 관리

- 앱을 설치하거나 업데이트할 때, 해당 앱이 요청하는 권한을 주의 깊게 확인하세요.
- 필요 이상의 권한을 요구하는 앱은 설치를 피하거나, 설정에서 해당 권한을 비활성화하세요.

3 OS 및 앱 업데이트

- 스마트폰의 운영체제와 앱은 정기적으로 업데이트를 제공합니다.
- 이러한 업데이트에는 보안 패치나 취약점 수정이 포함될 수 있으므로, 항상 최신 버전으로 유지하세요.

4 불필요한 앱 삭제

- 사용하지 않는 앱은 삭제하세요. 불필요한 앱은 보안 위험을 증가시킬 수 있습니다.

5 알려지지 않은 출처의 앱 설치 피하기

- 공식 앱 스토어 (Google Play Store, Apple App Store 등) 외의 출처에서 앱을 다운로드하거나 설치하는 것은 피하세요.

6 블루투스 및 위치 서비스 관리

- 블루투스나 위치 서비스는 필요할 때만 활성화하고, 사용하지 않을 때는 꺼두세요.
- 특히 공공 장소에서는 블루투스 기능을 꺼두는 것이 좋습니다.

7 공개 Wi-Fi 사용 제한

- 공개 Wi-Fi는 보안 위험이 있으므로, 중요한 작업이나 민감한 정보 전송을 피하세요.
- 가능하면 VPN을 사용하여 공개 Wi-Fi를 이용할 때의 통신을 암호화하세요.

8 백업 및 데이터 복구

- 중요한 데이터는 정기적으로 백업하세요. 이를 통해 데이터 손실이나 기기 도난/분실 시 데이터를 복구할 수 있습니다.

9 원격 제어 기능 활성화

- 스마트폰에는 기기를 잃어버렸을 때 원격으로 위치를 추적하거나, 데이터를 삭제하는 기능이 있습니다. 이러한 기능을 활성화하고, 필요할 때 사용할 수 있도록 준비하세요.

10 암호화

- 많은 현대 스마트폰은 데이터 암호화 기능을 제공합니다. 이 기능을 활성화하여 기기의 데이터를 추가적으로 보호하세요.

이러한 설정과 습관을 통해 스마트폰의 개인정보와 데이터를 효과적으로 보호할 수 있습니다. 기기의 보안과 개인정보 보호를 위해 주기적으로 설정을 검토하고 업데이트 하는 것이 중요합니다.

데이터 백업 방법 및 중요성

데이터 백업은 중요한 정보를 안전하게 보관하는 과정으로, 데이터 손실의 위험을 최소화하는 핵심적인 방법입니다. 데이터 백업의 중요성과 주요 백업 방법에 대해 설명하겠습니다.

데이터 백업의 중요성

❶ **데이터 손실 예방:** 하드웨어의 고장, 소프트웨어의 오류, 바이러스 감염, 인간의 실수 등 다양한 원인으로 데이터 손실이 발생할 수 있습니다. 백업을 통해 이러한 상황에서도 데이터를 복구할 수 있습니다.

❷ **재난 대비:** 자연재해나 화재, 도난 등의 상황에서도 백업된 데이터를 통해 중요한 정보를 유지할 수 있습니다.

❸ **업무 연속성:** 기업이나 조직에서 데이터 손실은 업무 중단을 초래할 수 있습니다. 백업을 통해 빠르게 업무를 재개할 수 있습니다.

❹ **기록의 보존:** 오랜 시간동안 축적된 중요한 기록이나 데이터를 안전하게 보존할 수 있습니다.

❺ **비용 절감:** 데이터 손실로 인한 복구 작업은 시간과 비용이 많이 듭니다. 백업을 통해 이러한 추가 비용을 절감할 수 있습니다.

데이터 백업 방법

❶ **외부 하드 드라이브 백업:** 중요한 데이터를 외부 하드 드라이브에 정기적으로 복사하여 보관합니다. 이 방법은 간단하며, 대용량 데이터의 백업에 적합합니다.

❷ **클라우드 백업:** Google Drive, Dropbox, iCloud, OneDrive 등의 클라우드 서비스를 이용하여 데이터를 온라인에 백업합니다. 어디서나 접근이 가능하며, 자동 백업 기능을 제공하는 서비스도 있습니다.

❸ **네트워크 연결 스토리지 (NAS) 백업:** NAS는 홈 네트워크나 기업 네트워크에 연결되는 스토리지 장치입니다. 여러 사용자가 데이터를 중앙에서 관리하고 백업할 수 있습니다.

❹ **오프사이트 백업:** 데이터를 다른 지리적 위치에 있는 안전한 장소에 백업하는 방법입니다. 대형 기업이나 조직에서 주로 사용합니다.

❺ **시스템 이미지 백업:** 컴퓨터의 전체 시스템을 이미지 파일로 백업하는 방법입니다. 시스템 오류나 큰 문제 발생 시, 이 이미지를 통해 전체 시스템을 이전 상태로 복구할 수 있습니다.

❻ **자동 백업 소프트웨어:** Acronis, Carbonite, Backblaze 등의 백업 소프트웨어를 사용하여 데이터를 자동으로 백업할 수 있습니다.

데이터 백업은 예상치 못한 상황에 대비하는 중요한 과정입니다. 따라서 개인이나 기업, 조직 모두 정기적이고 체계적인 백업 계획을 세우고 실행하는 것이 중요합니다.

Memo

- [ ]
- [ ]
- [ ]
- [ ]
- [ ]
- [ ]
- [ ]
- [ ]
- [ ]
- [ ]

07 소셜 미디어 및 메신저 보안

소셜 미디어의 위험성

소셜 미디어는 정보 공유, 소통, 네트워킹 등 다양한 목적으로 널리 사용되고 있습니다. 그러나 소셜 미디어의 활용에는 여러 위험성이 동반됩니다. 아래는 소셜 미디어의 주요 위험성에 대한 설명입니다.

1 개인정보 유출

- 사용자가 소셜 미디어에 공유하는 정보, 사진, 위치 정보 등은 개인정보 유출의 원인이 될 수 있습니다. 이러한 정보는 범죄자에게 악용될 수 있습니다.

2 사기 및 피싱 공격

- 소셜 미디어는 사기범들이 피싱 링크나 악성 코드를 전파하는 플랫폼으로 사용될 수 있습니다. 사용자는 가짜 프로필이나 메시지를 통해 사기나 피싱에 당할 위험이 있습니다.

3 사이버 괴롭힘

- 인터넷 상에서의 괴롭힘, 비방, 명예훼손 등의 행위는 소셜 미디어에서 자주 발생합니다. 특히 청소년들은 이러한 사이버 괴롭힘의 피해자가 될 수 있습니다.

4 사가짜 뉴스 및 허위 정보

- 소셜 미디어는 가짜 뉴스나 허위 정보가 빠르게 퍼질 수 있는 플랫폼입니다. 이로 인해 사회적 혼란이나 오해가 발생할 수 있습니다.

5 개인 프라이버시 침해

- 소셜 미디어의 기본 설정이나 앱 권한에 따라 사용자의 위치 정보, 연락처, 카메라 접근 등의 프라이버시가 침해될 수 있습니다.

6 중독성

- 소셜 미디어의 과도한 사용은 중독성을 유발할 수 있습니다. 이로 인해 일상 생활, 직장, 학교 등에서 문제가 발생할 수 있습니다.

7 정서적 영향

● 소셜 미디어 사용자들은 다른 사람들의 성공적인 모습이나 행복한 모습을 보며 자신을 비교하게 되는 경우가 많습니다. 이로 인해 우울감, 불안감, 자존감 저하 등의 정서적 문제가 발생할 수 있습니다.

8 보안 위험

● 소셜 미디어 계정이 해킹되거나 악용될 위험이 있습니다. 특히 약한 비밀번호나 동일한 비밀번호를 여러 계정에 사용할 경우, 보안 위험이 높아집니다.

9 기업의 위험

● 기업이나 조직의 직원이 소셜 미디어를 통해 부적절한 내용을 공유하거나, 기업의 민감한 정보를 유출할 경우, 기업의 명성이 손상될 수 있습니다.

소셜 미디어의 위험성을 인지하고, 적절한 보안 및 프라이버시 설정, 그리고 안전한 사용 습관을 갖추는 것이 중요합니다.

개인정보 및 위치 정보 공유 주의사항

소셜 미디어나 다양한 온라인 플랫폼에서 개인정보 및 위치 정보를 공유할 때는 주의가 필요합니다. 이러한 정보의 부주의한 공유는 다양한 위험을 초래할 수 있습니다. 다음은 개인정보 및 위치 정보 공유에 대한 주의사항입니다.

1 개인정보 최소화

- 필요한 경우에만 최소한의 개인정보를 제공하세요. 특히, 생년월일, 주소, 전화번호 등의 민감한 정보는 꼭 필요한 경우가 아니면 공유하지 않는 것이 좋습니다.

2 위치 정보의 제한적 공유

- 실시간으로 현재 위치를 공유하는 것은 위험할 수 있습니다. 특히, 집이나 직장 등의 주소를 공개적으로 공유하는 것은 피해야 합니다.
- 소셜 미디어에서의 '체크인' 기능 사용 시, 개인적인 장소나 민감한 장소의 공유는 자제하세요.

3 소셜 미디어의 개인정보 설정 확인

- 소셜 미디어 계정의 개인정보 및 위치 정보 공유 설정을 주기적으로 확인하고, 필요에 따라 조정하세요.
- 가능하면 '친구만' 또는 '나만' 등의 제한적인 설정을 사용하는 것이 좋습니다.

4 앱의 권한 설정 확인

- 스마트폰 앱 설치 시, 해당 앱이 요청하는 권한을 주의 깊게 확인하세요. 위치 정보 접근 권한이나 연락처 접근 권한 등이 정말 필요한지 판단하고, 불필요한 권한 요청은 거부하세요.

5 공개 Wi-Fi 사용 시 주의

- 공개 Wi-Fi를 사용할 때는 위치 정보나 개인정보를 입력하거나 공유하는 것을 피하세요. 공개 Wi-Fi는 중간자 공격 등의 보안 위험이 있을 수 있습니다.

6 위치 기반 서비스의 사용 제한

- 위치 기반 서비스를 사용할 때는 해당 서비스의 보안 및 프라이버시 정책을 확인하세요. 또한, 서비스 사용이 끝나면 위치 정보 공유를 꺼두는 습관을 갖는 것이 좋습니다.

7 개인정보 및 위치 정보의 장기간 저장 피하기

- 온라인 플랫폼이나 서비스에서 개인정보나 위치 정보를 장기간 저장하는 것은 피하세요. 필요한 정보만 임시로 저장하고, 불필요한 정보는 정기적으로 삭제하세요.

8 가족 및 친구와의 정보 공유 주의

- 가족이나 친구의 개인정보나 위치 정보를 공유할 때도 동의를 구하고, 필요한 정보만 제한적으로 공유하는 것이 좋습니다.

개인정보 및 위치 정보는 민감한 정보로, 부주의하게 공유될 경우 다양한 위험에 노출될 수 있습니다. 따라서 위의 주의사항을 지키면서 안전하게 정보를 관리하고 공유하는 것이 중요합니다.

메신저 보안 설정 및 안전한 사용법

메신저 앱은 일상에서 널리 사용되는 도구 중 하나입니다. 그러나 메신저를 통한 소통은 개인정보 유출, 사기, 해킹 등의 위험에 노출될 수 있으므로 적절한 보안 설정과 안전한 사용법이 필요합니다. 다음은 메신저의 보안 설정 및 안전한 사용법에 대한 설명입니다.

1 강력한 비밀번호 설정

- 메신저 계정의 비밀번호는 복잡하고 예측하기 어려운 조합으로 설정하세요. 대문자, 소문자, 숫자, 특수문자를 조합한 비밀번호가 좋습니다.
- 동일한 비밀번호를 여러 서비스에 사용하지 않도록 주의하세요.

2 2단계 인증 활성화

- 가능한 경우, 메신저 계정에 2단계 인증(2FA)을 활성화하세요. 이는 비밀번호만으로 로그인하는 것을 방지하고 추가적인 보안 계층을 제공합니다.

3 알 수 없는 링크 클릭 피하기

- 메신저를 통해 받은 알 수 없는 링크나 첨부 파일은 클릭하지 않도록 주의하세요. 이는 피싱 사이트나 악성 코드를 포함할 수 있습니다.

4 알려지지 않은 사용자로부터의 메시지 주의

- 알 수 없는 사용자나 의심스러운 계정으로부터의 메시지는 주의 깊게 다루세요. 필요하지 않은 경우, 해당 사용자를 차단하는 것이 좋습니다.

5 개인정보 공유 자제

- 메신저를 통해 민감한 개인정보나 중요한 정보를 공유하는 것은 피하세요. 특히, 은행 계좌 정보, 신용카드 정보, 비밀번호 등의 정보는 절대로 공유하지 않도록 주의하세요.

6 메신저 앱의 권한 확인

- 메신저 앱이 요청하는 권한을 주의 깊게 확인하세요. 불필요한 권한을 요청하는 앱은 사용을 피하거나, 해당 권한을 비활성화하세요.

7 암호화된 메신저 사용

- 메시지의 내용이 암호화되어 전송되는 메신저 앱을 사용하는 것이 좋습니다. 예를 들면, WhatsApp, Signal 등의 앱은 end-to-end 암호화를 제공합니다.

8 로그아웃 및 세션 관리

- 공용 컴퓨터나 다른 사람의 기기에서 메신저를 사용한 경우, 반드시 로그아웃하세요. 또한, 주기적으로 활성화된 세션을 확인하고, 의심스러운 세션은 종료하세요.

9 백업 설정 주의

- 메신저의 대화 내용을 백업하는 기능이 있을 경우, 백업 설정과 저장 위치를 주의 깊게 확인하세요. 클라우드에 백업되는 경우, 해당 클라우드 서비스의 보안 설정도 확인해야 합니다.

메신저의 안전한 사용은 사용자의 습관과 설정에 크게 의존합니다. 위의 안전한 사용법과 보안 설정을 지키면서 메신저를 사용하면, 다양한 위험으로부터 자신을 보호할 수 있습니다.

08 온라인 금융 거래 보안

온라인 금융 거래의 위험성

온라인 금융 거래는 편리하고 빠른 방법으로 금융 업무를 처리할 수 있게 해주지만, 동시에 여러 위험성도 내포하고 있습니다. 다음은 온라인 금융 거래의 주요 위험성에 대한 설명입니다.

1 피싱 공격

- 피싱은 사기범들이 가짜 웹사이트나 이메일을 통해 사용자의 개인정보나 금융 정보를 훔치려는 시도입니다. 사용자는 진짜 웹사이트나 이메일로 착각하여 정보를 입력하게 되면, 그 정보는 사기범에게 전달됩니다.

2 악성 소프트웨어

- 악성 코드나 바이러스는 사용자의 기기에 침투하여 금융 정보를 탈취하거나, 거래를 조작할 수 있습니다. 특히, 키로거와 같은 악성 소프트웨어는 사용자의 키 입력을 기록하여 비밀번호나 인증 정보를 훔칠 수 있습니다.

3 중간자 공격 (Man-in-the-Middle Attack)

- 중간자 공격은 사용자와 금융 기관 사이의 통신을 가로채는 공격입니다. 공격자는 이 통신을 조작하거나 정보를 탈취할 수 있습니다.

4 계정 도용

- 약한 비밀번호나 동일한 비밀번호의 반복 사용, 2단계 인증 미사용 등의 부주의로 인해 온라인 금융 계정이 도용될 수 있습니다.

5 가짜 금융 앱

- 스마트폰 사용자를 대상으로 한 가짜 금융 앱은 사용자의 정보를 탈취하거나, 거래를 조작하는 목적으로 만들어집니다.

6 공개 Wi-Fi 위험

- 공개 Wi-Fi는 암호화되지 않은 경우가 많아, 금융 거래 중 중요한 정보가 타인에게 노출될 위험이 있습니다.

7 사회공학 공격

- 사기범들은 다양한 방법으로 사용자를 속여 개인정보나 인증 정보를 얻어내려고 시도합니다. 예를 들면, 가짜 고객센터 직원을 표방하여 전화를 걸어 정보를 요구하는 경우가 있습니다.

8 미업데이트 소프트웨어

- 미업데이트된 웹 브라우저, 운영체제, 금융 앱 등은 보안 취약점을 가질 수 있습니다. 이러한 취약점은 공격자에게 악용될 수 있습니다.

온라인 금융 거래의 위험성을 최소화하기 위해서는 각종 보안 솔루션의 활용, 주기적인 비밀번호 변경, 2단계 인증 활성화, 공식 앱스토어에서만 앱을 다운로드하는 등의 안전한 온라인 거래 습관을 기르는 것이 중요합니다.

안전한 거래 방법 및 주의사항

온라인 금융 거래는 편리하지만, 그만큼 주의가 필요합니다. 안전한 거래를 위한 방법과 주의사항을 아래에 정리하였습니다.

1 HTTPS 확인

- 피싱은 사기범들이 가짜 웹사이트나 이메일을 통해 사용자의 개인정보나 금융 정보를 훔치려는 시도입니다. 사용자는 진짜 웹사이트나 이메일로 착각하여 정보를 입력하게 되면, 그 정보는 사기범에게 전달됩니다.

2 정품 보안 솔루션 사용

- 악성 코드나 바이러스는 사용자의 기기에 침투하여 금융 정보를 탈취하거나, 거래를 조작할 수 있습니다. 특히, 키로거와 같은 악성 소프트웨어는 사용자의 키 입력을 기록하여 비밀번호나 인증 정보를 훔칠 수 있습니다.

3 강력한 비밀번호 설정

- 중간자 공격은 사용자와 금융 기관 사이의 통신을 가로채는 공격입니다. 공격자는 이 통신을 조작하거나 정보를 탈취할 수 있습니다.

4 2단계 인증 활성화

- 약한 비밀번호나 동일한 비밀번호의 반복 사용, 2단계 인증 미사용 등의 부주의로 인해 온라인 금융 계정이 도용될 수 있습니다.

5 공개 Wi-Fi 사용 제한

- 스마트폰 사용자를 대상으로 한 가짜 금융 앱은 사용자의 정보를 탈취하거나, 거래를 조작하는 목적으로 만들어집니다.

6 알 수 없는 링크나 이메일 피하기

- 의심스러운 이메일이나 메시지에 포함된 링크를 클릭하지 않도록 주의하세요. 특히, 금융 기관을 사칭한 피싱 이메일에 주의가 필요합니다.

7 앱 다운로드 주의

- 금융 관련 앱은 항상 공식 앱스토어에서만 다운로드하세요. 가짜 앱이나 수정된 앱은 사용자의 정보를 탈취할 위험이 있습니다.

8 로그아웃 습관

- 온라인 금융 거래를 마친 후에는 반드시 로그아웃하세요. 특히, 공용 컴퓨터나 다른 사람의 기기를 사용한 경우 로그아웃은 필수입니다.

9 거래 내역 주기적 확인

- 주기적으로 거래 내역을 확인하여 이상한 거래나 의심스러운 활동이 없는지 점검하세요.

10 개인정보 보호

- 금융 거래 시 요구되는 정보만 제공하세요. 불필요한 개인정보는 제공하지 않도록 주의하세요.

11 미업데이트 소프트웨어

- 운영체제, 웹 브라우저, 금융 앱 등의 소프트웨어는 항상 최신 버전으로 유지하세요. 업데이트는 보안 취약점을 해결하는 중요한 과정입니다.

12 사회공학 공격에 대비

- 금융 기관 직원을 사칭하는 전화나 메시지에 주의하세요. 금융 기관은 사용자의 비밀번호나 OTP(One-Time Password)를 직접 요청하지 않습니다.

안전한 온라인 금융 거래를 위해서는 위의 방법과 주의사항을 지키는 것이 중요합니다. 항상 경계심을 갖고, 의심스러운 상황이나 활동을 발견할 경우 즉시 금융 기관에 연락하는 것이 좋습니다.

OTP 및 2단계 인증의 중요성

OTP(One-Time Password)와 2단계 인증(2FA, Two-Factor Authentication)은 온라인 보안을 강화하기 위한 중요한 도구입니다. 이들의 중요성에 대해 자세히 알아보겠습니다.

1 OTP (One-Time Password)

- **정의:** OTP는 한 번만 사용할 수 있는 비밀번호를 의미합니다. 일반적으로는 일정 시간 동안만 유효하며, 그 이후에는 사용할 수 없습니다.
- **동적 보안:** OTP는 계속 변하기 때문에, 해커가 한 번의 OTP를 탈취하더라도 그것으로 계속 접근할 수 없습니다.
- **피싱 및 중간자 공격 방지:** 일회용 비밀번호이므로, 해커가 이를 탈취하더라도 재사용이 불가능합니다.
- **사용자 인증 강화:** 기존 비밀번호와는 별개로 추가적인 인증 과정을 거치게 되므로 보안이 강화됩니다.

2 2단계 인증 (2FA)

- **정의:** 2단계 인증은 사용자가 자신임을 증명하기 위해 두 가지 다른 방법을 사용하는 인증 방식입니다. 일반적으로는 무언가를 "알고 있는 것"(비밀번호)과 "가지고 있는 것"(휴대폰에서 받는 OTP, 토큰 등)을 조합합니다.
- **2단계 인증 중요성:**
  - **계정 도용 방지:** 비밀번호가 유출되더라도, 2단계 인증이 활성화되어 있으면 해커는 계정에 접근하기 어렵습니다.
  - **보안의 다양성:** 물리적 장치(예: 스마트폰)와 지식(예: 비밀번호)을 모두 활용하여 인증 과정을 거치므로, 한 가지 방법만으로의 해킹이 어렵게 됩니다.
  - **사용자의 보안 인식 향상:** 2단계 인증을 설정하게 되면, 사용자는 보안에 대한 인식이 향상되며, 이를 통해 다른 보안 관련 활동에도 더 주의를 기울이게 됩니다.

● 결론:

OTP와 2단계 인증은 현대의 온라인 환경에서 필수적인 보안 도구로 간주됩니다. 많은 온라인 서비스와 금융 기관에서는 이러한 인증 방식을 기본으로 제공하며, 사용자들에게도 이를 활성화할 것을 권장하고 있습니다. 이러한 인증 방식을 활용함으로써, 개인정보와 중요한 데이터를 보호하고, 다양한 온라인 위협으로부터 안전하게 거래 및 활동을 수행할 수 있습니다.

Memo

09 아이디 및 비밀번호 관리

강력한 비밀번호 설정 방법

강력한 비밀번호는 온라인 보안의 첫 번째 방어선입니다. 효과적인 비밀번호는 해커의 공격으로부터 계정을 보호하는 데 중요한 역할을 합니다. 다음은 강력한 비밀번호를 설정하는 방법에 대한 설명입니다.

1 길이

- 비밀번호는 **최소 12~16자 이상으로 설정**하는 것이 좋습니다. 길이가 긴 비밀번호는 짧은 것보다 훨씬 더 안전합니다.

2 다양한 문자 조합

- **대문자, 소문자, 숫자, 특수문자를 모두 포함**시키세요. 이렇게 다양한 문자를 조합하면 비밀번호의 복잡성이 높아져 해킹이 어려워집니다.

3 연속된 숫자나 문자 피하기

- **"123456", "abcdef"와 같은 연속된 숫자나 문자는 피하세요.** 이러한 패턴은 해커들이 첫 번째로 시도하는 조합 중 하나입니다.

4 개인 정보 피하기

- 생일, 이름, 주민등록번호와 같은 **개인 정보나 이와 관련된 단어는 비밀번호로 사용하지 않는 것**이 좋습니다.

5 사전에 있는 단어 피하기

- **사전에 등재된 단어나 흔히 사용되는 문구**는 "사전 공격"의 대상이 될 수 있으므로 피하는 것이 좋습니다.

6 패스프레이즈 고려

- **여러 단어의 조합으로 만든 문구나 문장**을 비밀번호로 사용하는 것을 고려해보세요.
  예: "BlueSky$RainyDay!"

7 정기적인 변경

- **비밀번호는 정기적으로 변경**하는 것이 좋습니다. 특히 중요한 계정의 경우 3~6개월마다 변경하는 것을 권장합니다.

8 각 서비스별 다른 비밀번호 사용

- **하나의 비밀번호를 여러 서비스에 동일하게 사용하는 것은 피하세요.** 한 곳에서 비밀번호가 유출되면 다른 모든 곳에서 위험에 노출될 수 있습니다.

9 비밀번호 관리 도구 활용

- 다양한 계정과 강력한 비밀번호를 모두 기억하는 것은 어려울 수 있습니다. 이럴 때는 비밀번호 관리 도구(**예: LastPass, 1Password** 등)를 활용하여 안전하게 비밀번호를 저장하고 관리할 수 있습니다.

10 키보드 패턴 피하기

- "qazwsx"나 "1qaz2wsx"와 같은 **키보드 상의 연속된 패턴은 피하는 것**이 좋습니다.

강력한 비밀번호는 온라인 활동의 안전을 크게 향상시킬 수 있습니다. 위의 가이드라인을 따라 안전한 비밀번호를 설정하고, 주기적으로 업데이트하는 습관을 기르는 것이 중요합니다.

비밀번호 관리 도구 활용

비밀번호 관리 도구는 사용자가 여러 계정의 복잡한 비밀번호를 안전하게 저장하고 관리할 수 있게 도와주는 도구입니다. 이러한 도구의 활용은 현대의 다양한 온라인 서비스 환경에서 특히 중요해졌습니다. 다음은 비밀번호 관리 도구의 특징, 장점, 사용 방법 등에 대한 설명입니다.

1 비밀번호 관리 도구의 특징

- **암호화된 저장:** 비밀번호 관리 도구는 사용자의 비밀번호를 암호화된 형태로 저장합니다. 이는 외부의 해커나 불법 접근자로부터 정보를 보호합니다.
- **자동 입력:** 대부분의 도구는 웹사이트나 앱에 로그인할 때 비밀번호를 자동으로 입력해주는 기능을 제공합니다.
- **복잡한 비밀번호 생성:** 비밀번호 관리 도구는 강력한 비밀번호를 자동으로 생성해주는 기능을 가지고 있습니다.

2 장점

- **복잡한 비밀번호 사용 용이:** 사용자는 복잡한 비밀번호를 기억할 필요 없이, 관리 도구를 통해 안전하게 저장하고 사용할 수 있습니다.
- **중복 비밀번호 사용 감소:** 각 서비스마다 다른 비밀번호를 사용하는 것이 가능해져, 한 서비스에서의 보안 문제가 다른 서비스에 영향을 주는 것을 방지할 수 있습니다.
- **효율적인 관리:** 모든 비밀번호를 한 곳에서 관리할 수 있어 효율성이 크게 향상됩니다.

3 사용 방법

- **설치 및 설정:** 원하는 비밀번호 관리 도구를 선택하여 설치한 후, 마스터 비밀번호를 설정합니다. 이 마스터 비밀번호는 관리 도구에 저장된 모든 비밀번호에 접근하기 위한 유일한 키가 됩니다.
- **비밀번호 저장:** 웹사이트나 앱에 로그인할 때마다, 도구는 자동으로 로그인 정보를 저장할 것인지 물어봅니다. 사용자는 이를 허용하여 비밀번호를 관리 도구에 저장할 수 있습니다.

- **자동 로그인:** 저장된 웹사이트나 앱을 방문할 때, 비밀번호 관리 도구는 자동으로 로그인 정보를 입력해줍니다.
- **정기적인 업데이트:** 비밀번호 관리 도구도 정기적으로 업데이트해야 합니다. 이는 새로운 보안 기능이 추가되거나 기존의 취약점이 수정되기 때문입니다.

4 주요 비밀번호 관리 도구

- **LastPass:** 클라우드 기반의 비밀번호 관리 도구로, 다양한 플랫폼에서 사용 가능합니다.
- **1Password:** 사용자 친화적인 인터페이스와 강력한 보안 기능을 제공합니다.
- **Dashlane:** 비밀번호 관리 외에도 디지털 지갑 기능을 제공합니다.
- **Bitwarden:** 오픈소스 비밀번호 관리 도구로, 사용자가 서버를 직접 호스팅할 수도 있습니다.

비밀번호 관리 도구를 사용함으로써, 사용자는 온라인 활동을 더 안전하게 수행할 수 있습니다. 다만, 마스터 비밀번호는 절대로 잊어버리지 않도록 주의해야 하며, 이를 안전한 곳에 백업해두는 것이 좋습니다.

Memo

- [ ]
- [ ]
- [ ]
- [ ]
- [ ]
- [ ]
- [ ]
- [ ]

다양한 서비스별 비밀번호 관리 전략

다양한 온라인 서비스를 이용하면서 각각의 서비스에 동일한 비밀번호를 사용하는 것은 큰 보안 위험을 초래할 수 있습니다. 만약 한 서비스에서 비밀번호가 유출되면, 동일한 비밀번호를 사용하는 다른 모든 서비스가 위험에 노출될 수 있기 때문입니다. 따라서, 다양한 서비스별로 비밀번호 관리 전략을 세우는 것이 중요합니다.

1 서비스 분류

- **고위험 서비스:** 은행, 투자, 결제, 이메일 등 금융적 손실이나 개인정보 유출 위험이 큰 서비스.
- **중위험 서비스:** 소셜 미디어, 온라인 쇼핑, 클라우드 스토리지 등 일부 개인정보가 포함된 서비스.
- **저위험 서비스:** 뉴스, 포럼, 일반 웹사이트 등 개인정보가 거의 없는 서비스.

2 각 서비스별 전략

- **고위험 서비스**
  - 매우 복잡한 비밀번호 사용.
  - 2단계 인증 활성화.
  - 비밀번호 변경 주기를 짧게 설정 (예: 3~6개월마다).
- **중위험 서비스**
  - 강력한 비밀번호 사용.
  - 가능하면 2단계 인증 활성화.
  - 정기적인 비밀번호 변경 (예: 6~12개월마다).
- **저위험 서비스**
  - 강력한 비밀번호는 기본, 그러나 고위험 서비스와 중복 사용을 피함.
  - 비밀번호 변경 주기는 상대적으로 길게 설정해도 됨.

3 기타 전략

- **비밀번호 재사용 피하기:** 가능한 한 각 서비스마다 다른 비밀번호를 사용하세요.
- **비밀번호 관리 도구 활용:** 다양한 서비스의 복잡한 비밀번호를 관리하기 위해 비밀번호 관리 도구를 활용하세요.
- **정기적인 보안 점검:** 각 서비스의 보안 설정을 정기적으로 점검하고, 필요한 경우 업데이트 하세요.
- **비밀번호 변경 알림:** 일부 서비스는 비밀번호 변경을 권장하는 알림을 제공합니다. 이러한 알림에 주의를 기울이세요.

4 비밀번호 관리 도구와의 연계

- **서비스별 분류:** 비밀번호 관리 도구 내에서 서비스를 위험도별로 분류하고, 해당 분류에 맞는 비밀번호 정책을 적용하세요.
- **비밀번호 생성기:** 대부분의 비밀번호 관리 도구는 강력한 비밀번호를 자동으로 생성해주는 기능을 제공합니다. 이를 활용하여 각 서비스별로 적합한 비밀번호를 생성하세요.

다양한 서비스별로 비밀번호 관리 전략을 세우고 이를 철저히 지키는 것은 온라인 보안을 유지하는 데 있어 핵심적인 요소입니다.

10 이메일 보안 및 스팸 메일 대처법

이메일을 통한 피싱 및 스팸의 위험성

이메일은 개인 및 기업 간의 주요한 커뮤니케이션 도구로 사용되지만, 동시에 다양한 보안 위협의 대상이기도 합니다. 특히 피싱과 스팸은 이메일을 통한 주요한 공격 유형 중 하나입니다. 이에 대한 위험성을 자세히 알아보겠습니다.

1 피싱 (Phishing)

- **정의:** 피싱은 사기꾼이 합법적인 기관이나 사람처럼 가장하여 이메일을 보내고, 수신자로 하여금 개인정보나 금융 정보를 제공하도록 유도하는 공격 방식입니다.
- **위험성**
  - **개인정보 유출:** 피싱 이메일에 답장하거나 제공된 링크를 클릭하여 정보를 입력하면, 이 정보는 사기꾼에게 전달됩니다.
  - **금융적 손실:** 피싱을 통해 얻은 정보로 인해 금융 계좌가 해킹될 수 있습니다.
  - **악성 소프트웨어 감염:** 피싱 이메일에 포함된 링크나 첨부 파일을 클릭하면 악성 코드가 컴퓨터나 모바일 장치에 설치될 수 있습니다.

2 스팸 (Spam)

- **정의:** 스팸은 원하지 않는 이메일 메시지로, 대부분 상업적 광고나 프로모션을 포함하고 있습니다. 스팸은 단순히 귀찮은 것에서부터 악성 코드나 피싱 공격을 포함할 수 있는 위험한 메시지까지 다양합니다.
- **위험성**
  - **리소스 낭비:** 스팸 메시지는 이메일 서버의 리소스를 낭비하고, 원하는 이메일을 찾는 데 시간을 소비하게 만듭니다.
  - **악성 코드 감염:** 일부 스팸 이메일은 악성 코드를 포함하고 있어, 이를 열거나 클릭하면 장치가 감염될 수 있습니다.
  - **피싱 공격:** 스팸 이메일 중 일부는 피싱 공격의 일환으로 보내질 수 있습니다.

3 예방 방법

- **이메일 필터링:** 이메일 서비스 제공자는 대부분 스팸 및 피싱 필터링 기능을 제공합니다. 이 기능을 활성화하고 정기적으로 업데이트하세요.
- **의심스러운 이메일 피하기:** 알 수 없는 발신자로부터 온 이메일, 예상치 못한 첨부 파일이나 링크가 있는 이메일은 열지 않는 것이 좋습니다.
- **개인정보 제공 주의:** 이메일을 통해 개인정보나 금융 정보를 요청하는 메시지에는 응답하지 않도록 주의하세요.
- **안티바이러스 소프트웨어 사용:** 안티바이러스 소프트웨어는 악성 코드 감염을 방지하고, 이미 감염된 코드를 제거하는 데 도움을 줍니다.

이메일을 통한 피싱 및 스팸 공격은 계속 발전하고 있으므로, 사용자는 항상 경계하며 최신의 보안 방법과 도구를 활용하여 자신을 보호해야 합니다.

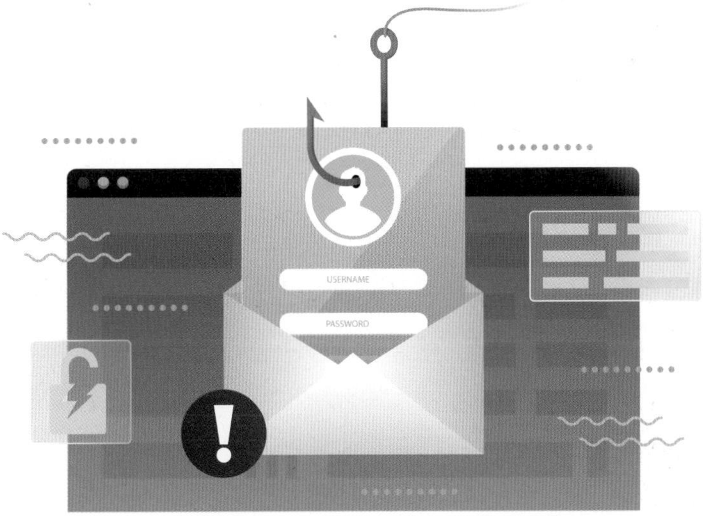

안전한 이메일 사용법

이메일은 개인 및 기업 간의 주요한 커뮤니케이션 도구로 널리 사용되지만, 이메일을 통한 다양한 보안 위협도 존재합니다. 따라서 안전한 이메일 사용법을 숙지하고 실천하는 것이 중요합니다. 다음은 안전한 이메일 사용법에 대한 가이드라인입니다.

1 강력한 비밀번호 설정

- 이메일 계정의 비밀번호는 복잡하게 설정하고, 정기적으로 변경하세요.
- 대문자, 소문자, 숫자, 특수문자를 조합한 비밀번호를 사용하세요.
- 이메일 비밀번호는 다른 서비스의 비밀번호와 다르게 설정하세요.

2 2단계 인증 활성화

- 가능한 경우, 이메일 서비스에서 제공하는 2단계 인증(2FA)을 활성화하세요. 이는 비밀번호만으로는 접근이 불가능하게 추가적인 보안 계층을 제공합니다.

3 의심스러운 이메일 주의

- 알 수 없는 발신자로부터 온 이메일, 예상치 못한 첨부 파일이나 링크가 있는 이메일은 열지 않는 것이 좋습니다.
- 이메일 내용에 긴급하게 정보를 요청하는 내용이나, 무언가를 클릭하라는 지시가 있을 경우 주의하세요.

4 첨부 파일 및 링크 주의

- 이메일에 포함된 첨부 파일이나 링크는 클릭하기 전에 항상 확인하세요.
- 파일 확장자가 .exe, .scr, .bat 등 실행 가능한 형태인 경우 특히 주의하세요.

5 SSL/TLS 활성화

- 이메일 서비스가 SSL 또는 TLS를 지원하는 경우, 이를 활성화하여 이메일 전송 시 데이터를 암호화하세요.

6 개인정보 제공 주의

- 이메일을 통해 개인정보나 금융 정보를 요청하는 메시지에는 응답하지 않도록 주의하세요. 정당한 기관이라도 이메일을 통해 중요한 정보를 요청하는 경우는 드뭅니다.

7 안티바이러스 및 안티맬웨어 소프트웨어 사용

- 안티바이러스 및 안티맬웨어 소프트웨어를 설치하고, 정기적으로 업데이트 및 스캔을 수행하세요.

8 이메일 필터링 및 스팸 설정

- 이메일 서비스에서 제공하는 스팸 및 필터링 기능을 활용하여 의심스러운 이메일을 자동으로 분류하도록 설정하세요.

9 로그아웃 습관

- 공용 컴퓨터나 다른 사람의 장치에서 이메일을 확인한 후에는 반드시 로그아웃하세요.

10 계정 활동 모니터링

- 이메일 계정의 활동 로그나 최근 로그인 기록을 주기적으로 확인하여 의심스러운 활동이 없는지 점검하세요.

이메일은 많은 정보와 중요한 데이터를 포함하고 있기 때문에, 이메일 계정의 보안을 철저히 관리하는 것이 중요합니다. 위의 가이드라인을 따라 안전한 이메일 사용 습관을 기르는 것이 좋습니다.

스팸 메일 구별 및 대처법

스팸 메일은 원하지 않는 광고나 프로모션 메시지를 포함하며, 때로는 악성 코드나 피싱 공격의 일환으로 보내질 수도 있습니다. 스팸 메일을 구별하고 적절하게 대처하는 것은 온라인 보안을 유지하는 데 중요한 부분입니다.

1 스팸 메일의 특징

- **무명의 발신자:** 발신자의 이름이나 이메일 주소가 익숙하지 않거나, 이상한 도메인에서 온 메일일 가능성이 높습니다.
- **오류가 많은 내용:** 스팸 메일은 종종 맞춤법이나 문법 오류가 많습니다.
- **긴급성을 강조:** "즉시 확인하세요", "한정된 시간의 제안" 등의 긴급한 언어를 사용하여 사용자의 반응을 유도합니다.
- **무작위 수신자:** 수신자 목록에 여러 무작위 이메일 주소가 포함되어 있을 수 있습니다.
- **이상한 첨부 파일이나 링크:** 스팸 메일은 악성 코드를 포함한 첨부 파일이나 이상한 웹사이트로의 링크를 포함할 수 있습니다.

2 스팸 메일 대처법

- **열지 않기:** 의심스러운 이메일은 아예 열지 않는 것이 좋습니다. 특히 알 수 없는 발신자로부터 온 메일의 경우입니다.
- **첨부 파일 및 링크 클릭 금지:** 이메 일 내의 첨부 파일이나 링크는 클릭하지 않는 것이 좋습니다. 이는 악성 코드의 감염을 방지합니다.
- **스팸으로 표시:** 이메일 서비스에 따라 "스팸" 또는 "정크"로 메일을 표시하는 기능이 있습니다. 이를 활용하면, 비슷한 메일이 앞으로도 스팸 폴더로 자동 분류될 수 있습니다.
- **이메일 필터 설정:** 이메일 서비스에서 제공하는 필터 기능을 활용하여 특정 키워드나 발신자를 기반으로 스팸 메일을 자동으로 분류하도록 설정할 수 있습니다.
- **보안 소프트웨어 업데이트:** 안티바이러스 및 안티맬웨어 소프트웨어를 정기적으로 업데이트하여 최신의 보안 위협으로부터 보호받도록 하세요.

- **개인 정보 제공 금지:** 스팸 메일이 요청하는 개인 정보나 금융 정보는 제공하지 않도록 주의하세요.
- **이메일 서비스의 스팸 필터 활용:** 대부분의 이메일 서비스는 자체적인 스팸 필터를 제공합니다. 이 기능을 활성화하고 필요에 따라 설정을 조정하세요.

스팸 메일은 단순히 귀찮은 것에서부터 심각한 보안 위협까지 다양한 문제를 초래할 수 있습니다. 따라서 스팸 메일을 구별하고 적절하게 대처하는 습관을 기르는 것이 중요합니다.

Memo

- [ ]
- [ ]
- [ ]
- [ ]
- [ ]
- [ ]
- [ ]
- [ ]
- [ ]
- [ ]
- [ ]
- [ ]
- [ ]
- [ ]
- [ ]

부록
1

현대 사회에서
SNS역할과 영향

01 SNS란 무엇인가?

SNS란 무엇인가?

SNS는 '소셜 네트워크 서비스(Social Network Service)'의 약자로, 사람들이 인터넷을 통해 서로 소통하고, 정보를 공유하며, 관심사나 활동을 기반으로 커뮤니티를 형성할 수 있는 온라인 플랫폼을 말합니다.

간단히 말해서, SNS는 온라인 상의 '만남의 장'과 같습니다. 마치 카페, 공원 또는 모임과 같이 사람들이 모여 이야기하고, 사진이나 동영상을 공유하며, 새로운 친구를 만들거나 기존의 관계를 유지하는 공간입니다.

예를 들어, 페이스북이나 인스타그램 같은 SNS를 통해 사람들은 자신의 일상, 생각, 감정을 글이나 이미지, 영상으로 표현하고, 다른 사람들의 게시물에 '좋아요'를 누르거나 댓글을 달아 소통할 수 있습니다. 또한, 특정 취미나 관심사를 가진 사람들이 모이는 그룹에 가입하여 정보를 얻고 의견을 나눌 수도 있습니다.

SNS는 이렇게 사람들이 온라인으로 소통하고 관계를 맺으며, 다양한 정보와 생각을 공유할 수 있는 현대적인 소통의 수단입니다.

SNS의 가장 큰 장점은 무엇인가?

SNS(Social Networking Services)의 가장 큰 장점은 연결성(Connectivity) 입니다. 이 연결성은 여러 측면에서 나타나는데, 구체적으로는 다음과 같습니다.

1. **즉각적인 커뮤니케이션:** 전 세계 어디에 있든 인터넷 연결만 있다면, 사람들은 실시간으로 소통하고 정보를 교환할 수 있습니다.
2. **네트워킹:** 개인과 전문가 모두 새로운 사람들을 만나고 관계를 맺는데 SNS를 활용할 수 있습니다. 이는 취업, 비즈니스 기회, 학습 또는 단순한 사회적 교류를 위한 네트워크를 확장하는데 도움을 줍니다.
3. **정보의 접근성:** 사용자는 뉴스, 전문가 의견, 교육 콘텐츠, 시장 동향 등 다양한 정보에 쉽게 접근할 수 있습니다.
4. **공유와 유통:** 사진, 비디오, 아이디어, 개인적 경험 등을 신속하게 공유할 수 있으며, 이는 때로는 바이럴 효과를 낳아 수많은 사람들에게 빠르게 퍼집니다.
5. **개인화된 콘텐츠:** 사용자의 관심사와 행동에 기반하여 맞춤형 콘텐츠를 제공함으로써, 보다 관련성 높고 개인적인 경험을 할 수 있습니다.

6 **대화형 마케팅:** 기업들은 고객과 직접 대화하고 상호작용할 수 있어, 즉각적인 피드백과 고객 관계 개선이 가능합니다.

7 **지원과 옹호:** 사회적, 환경적, 정치적 이슈에 대해 의견을 나누고 지지하며, 커뮤니티 기반의 지원 활동에 참여할 수 있는 플랫폼을 제공합니다.

SNS의 이러한 연결성은 사람들이 정보를 얻고, 소통하며, 관계를 유지하는 방식을 근본적으로 변화시켰습니다.

SNS마케팅이란 무엇인가?

온라인 마케팅은 SNS마케팅이라 할 수 있고, SNS마케팅은 바이럴 마케팅이라고 할 수 있는데 이를 기준으로 SNS마케팅이란 무엇인가?

온라인 마케팅과 SNS 마케팅, 그리고 바이럴 마케팅은 서로 관련이 깊지만, 각각의 용어가 가리키는 범위와 특성에는 차이가 있습니다. 여기에서 각각을 구분하여 설명하겠습니다.

- **온라인 마케팅:** 이는 인터넷을 사용하여 제품이나 서비스를 홍보하는 광범위한 마케팅 활동을 말합니다. 이는 웹사이트, 이메일 마케팅, 검색 엔진 최적화(SEO), 검색 엔진 마케팅(SEM), 콘텐츠 마케팅, 그리고 SNS 마케팅을 포함합니다.

- **SNS 마케팅:** 이는 온라인 마케팅의 한 형태로, 구체적으로 소셜 네트워킹 서비스를 이용하여 제품이나 서비스를 홍보하는 활동을 가리킵니다. SNS 마케팅의 핵심은 대상 고객과의 관계 구축, 브랜드 인지도 향상, 소비자 참여 유도 등을 목표로 합니다.

- **바이럴 마케팅:** 이는 SNS 마케팅의 전술 중 하나로 볼 수 있으며, 특정 콘텐츠나 캠페인이 사용자들 사이에서 자발적으로 빠르게 퍼져나가도록 하는 전략입니다. 바이럴 마케팅은 '바이러스처럼 퍼진다'는 의미에서 유래되었으며, 사람들이 자연스럽게 콘텐츠를 공유하게 만들어 '입소문' 효과를 극대화합니다.

결론적으로, SNS 마케팅은 온라인 마케팅의 한 부분이며, 바이럴 마케팅은 SNS 마케팅을 통해 달성하고자 하는 하나의 결과 또는 전략입니다. SNS 마케팅은 소셜 미디어 플랫폼을 통해 브랜드를 알리고, 고객과 소통하며, 제품이나 서비스에 대한 관심을 높이기 위한 다양한 활동을 포함합니다.

SNS마케팅의 핵심은 콘텐츠(내용) & 키워드(고객의 언어)

SNS 마케팅에서 콘텐츠와 키워드는 분명 핵심적인 역할을 합니다. 콘텐츠는 메시지를 전달하는 매체이며, 키워드는 그 메시지가 적절한 대상에게 도달하게 하는 수단입니다.

1. **콘텐츠 (Content):** 이는 SNS 마케팅의 기반이며, 브랜드의 가치와 메시지를 전달하는 주된 방식입니다. 콘텐츠는 다양한 형식으로 제공될 수 있으며, 그 자체로 가치가 있어야 하고, 고객에게 유용하거나 교육적이거나 오락적이어야 합니다. 또한, 공감을 불러일으키고, 관심을 유발하며, 고객이 브랜드와 깊은 관계를 맺을 수 있게 해야 합니다.

2. **키워드 (Keywords):** 키워드는 고객이 사용하는 언어와 관련이 깊으며, 검색 최적화(SEO)에서 중요한 역할을 합니다. 키워드는 고객이 관심을 가질만한 내용을 찾을 때 사용하는 용어이며, 이를 통해 브랜드의 콘텐츠를 발견하고 접근하기 쉽게 만듭니다. 키워드를 효과적으로 사용하면 타겟 오디언스의 관심사와 질문에 맞춘 콘텐츠를 제작하여, 보다 효과적으로 타겟팅하고 참여를 유도할 수 있습니다.

따라서, 콘텐츠와 키워드는 SNS 마케팅에서 중요한 요소이며, 이 둘을 잘 조합하고 사용하면 타겟 오디언스에게 더 큰 영향을 미칠 수 있습니다.

SNS마케팅의 기본원칙은 "What is in it for me?"

"what is in it for me?" (WIIFM) 원칙은 마케팅에서 중요한 개념으로, 고객의 관점에서 가치와 혜택을 고려하는 것을 말합니다. SNS 마케팅에서 이 원칙을 적용한다는 것은, 모든 커뮤니케이션과 콘텐츠가 고객이 어떤 이득을 얻을 수 있는지 명확히 해야 한다는 것을 의미합니다. 이는 고객에게 직접적인 혜택, 정보, 오락, 감성적 연결 또는 사회적 가치와 같은 구체적인 가치를 제공해야 함을 뜻합니다.

이 원칙은 소비자들이 그들의 시간과 관심을 어디에 할애할지 선택할 때, 자신에게 어떤 가치를 제공하는지를 기준으로 결정한다는 사실에 근거합니다. 따라서, SNS 마케팅에서는 다음과 같은 방식으로 WIIFM을 중심으로 전략을 구성할 수 있습니다.

1. **대상 고객의 필요와 욕구 파악:** 마케팅 메시지와 콘텐츠가 타겟 오디언스의 실제 요구사항에 맞춰져야 합니다.

2. **가치 제공:** 제품이나 서비스가 고객의 삶을 어떻게 개선할 수 있는지를 강조합니다.

3 **개인화:** 개인적인 경험을 제공하여 고객에게 그들이 중요하다는 것을 느끼게 합니다.

4 **참여와 피드백:** 고객의 의견을 듣고 적극적으로 반영하여 고객 중심의 서비스를 제공합니다.

결국, SNS 마케팅에서 '나에게 무엇이 있는가'는 고객 참여를 촉진하고, 브랜드에 대한 충성도를 높이며, 구매 결정을 이끌어내는 핵심 동기입니다.

SNS마케팅 전략 효과 극대화를 위해서는소통과 공유가 중요

소통과 공유는 SNS 마케팅 전략의 효과를 극대화하기 위해 필수적인 요소입니다.

1 **소통 (Communication):** SNS는 소통을 중시하는 플랫폼입니다. 브랜드와 소비자 간의 양방향 소통은 관계를 강화하고, 신뢰를 구축하는 데 기여합니다. 브랜드가 소비자의 피드백과 질문에 적극적으로 응답하고, 그들의 의견을 반영할 때, 소비자들은 브랜드에 더 가깝게 느끼고 참여도가 높아집니다.

2 **공유 (Sharing):** 공유는 SNS 마케팅에서 바이럴 효과를 만들어내는 주된 방법 중 하나입니다. 우수한 콘텐츠는 사용자에 의해 자발적으로 공유되며, 이는 브랜드의 메시지를 더 넓은 대중에게 퍼트리는 데 도움을 줍니다. 공유를 장려하기 위해, 콘텐츠는 공감가거나, 유익하거나, 재미있어야 하며, 사용자가 자신의 네트워크와 공유하고 싶은 가치를 제공해야 합니다.

소통과 공유는 사용자 참여를 늘리고, 브랜드 인지도를 향상시키며, 고객 충성도를 증진시킬 수 있습니다. 이 두 요소는 고객과의 지속적인 관계를 유지하고 강화하는 데 중요하며, 결과적으로 마케팅 전략의 성공에 크게 기여합니다.

02 현대 사회에서 SNS역할과 영향

현대 사회에서 SNS의 역할

1 소통의 도구

SNS는 사람들이 소통하는 주요 도구로 자리 잡았습니다.
개인의 생활 이야기부터 사회적 이슈에 이르기까지 다양한 주제를 공유하고 토론하는 공간입니다.

2 정보전달

전통적인 미디어와 달리, SNS는 개인들이 직접 정보를 전달하고 받을 수 있는 플랫폼을 제공합니다. 이로 인해 뉴스나 이슈가 훨씬 빠르게 확산되기도 합니다.

3 마케팅 및 광고

기업들은 SNS를 활용해 제품이나 서비스를 홍보하고, 소비자와 직접 소통하며 브랜드 인지도를 높이는 데 큰 효과를 보고 있습니다.

4 네트워크 구축

전문적, 개인적 관점에서 네트워크를 확장할 수 있는 도구로 활용되며, 새로운 기회나 직장을 찾는 데도 도움을 줍니다.

현대 사회에서 SNS의 영향

현대사회에서 소셜 네트워크 서비스(SNS)는 단순한 커뮤니케이션 도구를 넘어 다양한 영역에서 중요한 역할을 하고 있습니다.
SNS가 현대사회에 미치는 영향이 경제, 정치, 문화, 그리고 심리에 어떤 영향을 미치는지 알아보겠습니다.

● 경제적 영향

- **마케팅 및 광고:** SNS는 기업들에게 저렴하면서도 효과적인 마케팅 플랫폼을 제공한다. 특히, 타겟 마케팅과 데이터 분석을 통해 개인화된 광고가 가능하다.
- **소비자 행동 분석:** 소비자들의 구매 경향, 제품에 대한 의견 등을 실시간으로 모니터링할 수 있다. 이를 통해 빠르게 시장에 대응하는 전략을 세울 수 있다.

정치적 영향

- **의사소통 채널:** 정치인과 시민 사이의 직접적인 의사소통이 가능하다. 이로 인해 투명성이 높아지고, 정보의 빠른 전달이 이루어진다.

문화적 영향

- **문화 유산 확산:** SNS를 통해 다양한 문화와 예술 작품이 널리 알려질 수 있다. 이는 문화적 다양성을 증가시키며, 문화적 접근성을 높인다.
- **세대간 문화 격차:** 하지만 SNS 사용률의 세대 간 차이로 인해 문화적 격차가 커질 가능성도 있다.

심리적 영향

- **자아 인식:** SNS에서의 활동과 반응을 통해 개인이 자신을 어떻게 보는지에 대한 인식이 변할 수 있다.
- **사회적 비교:** 다른 이들과 비교해 볼 기회가 늘어나면서 불안감이나 부정적인 감정을 유발할 수 있다.

FOMO(놓칠 것 같은 두려움)와 같은 현상이 발생하기도 합니다. ▶

▶ **FOMO**(Fe ar of Missing Out)

FOMO는 "놓치면 후회하는 감정"이라는 뜻의 영어 약어입니다.
FOMO는 "Fear of Missing Out"의 약어로, 어떤 활동, 이벤트 또는 경험을 놓치면 나중에 후회할까봐 느끼는 감정을 나타냅니다. 이러한 감정은 주로 소셜 미디어와 같은 커뮤니케이션 도구를 통해 다른 사람들이 즐기는 활동이나 이벤트를 볼 때 발생할 수 있습니다.
FOMO는 온라인과 오프라인 활동에서 모두 나타날 수 있으며, 사람들이 더 많은 경험을 쌓으려는 욕구와 관련이 있습니다.

▶ **JOMO**(Joy of Missing Out)

JOMO (Joy of Missing Out)은 현대 사회에서 너무 많은 활동과 정보에 빠져들지 않고, 자신만의 시간을 즐기는 것을 나타내는 용어입니다. 이것은 특히 소셜 미디어와 연결된 FOMO (Fear of Missing Out)와 대조적인 개념으로 사용됩니다.
JOMO는 개인이 조용하게 쉬며, 혼자서 또는 소수의 친구나 가족과 함께 품격 있는 시간을 보내며 더 나은 정서적 안녕과 행복을 추구한다는 아이디어를 나타냅니다. 이는 디지털 디톡스 및 자기 돌봄의 중요성을 강조하는 문화적 현상으로 자리잡았습니다.

현대사회에서 SNS의 영향은 다양하고 광범위하다. 이러한 영향은 긍정적인 측면과 부정적인 측면이 모두 있으며, 이를 체계적으로 이해하고 분석하는 것은 미래 사회에서 더욱 중요해질 것이다. 특히, 비즈니스 측면에서는 마케팅 전략, 소비자 행동 분석 등 다양한 방면에서 활용할 수 있어 매우 중요하다.

이렇게 SNS는 현대사회의 거의 모든 영역에 깊숙이 파고들어 있으며, 그 영향력은 계속해서 확대될 것으로 예상된다. 따라서, 이에 대한 심도 있는 연구와 분석, 그리고 적절한 대응 전략이 필요하다.

SNS 교육이 필요한 이유

SNS(소셜 미디어 네트워크 서비스) 교육이 초등학생부터 성인에 이르기까지 필요한 이유는 여러 가지가 있습니다. SNS의 영향력이 커짐에 따라, 이를 안전하고 효과적으로 사용하기 위한 지식과 기술을 습득하는 것이 중요해졌습니다.

1 안전한 사용

- **개인 정보 보호:** 사용자들은 자신의 개인 정보를 보호하는 방법을 알아야 합니다. 특히 어린이와 청소년의 경우, 개인 정보 유출이나 사이버 괴롭힘의 위험에 더 취약할 수 있습니다.
- **사이버 괴롭힘 예방:** SNS 상에서의 괴롭힘을 예방하고 대처하는 방법을 배우는 것이 중요합니다.
- **보안 의식:** 패스워드 설정, 피싱 사기 인식 등 보안 관련 지식을 습득함으로써 사용자들은 자신의 계정을 안전하게 보호할 수 있습니다.

2 정보 판별 능력

- **가짜 뉴스와 소문 인식:** SNS 상에서 유포되는 정보의 진위를 판별하는 능력을 키우는 것이 중요합니다.
- **광고와 콘텐츠 구분:** 광고와 일반 콘텐츠를 구분할 수 있는 능력을 키워 소비자로서 올바른 판단을 내릴 수 있도록 합니다.

3 디지털 시민 의식

- **온라인 에티켓:** 존중과 예의를 갖춘 온라인 소통 방법을 배우는 것이 중요합니다.
- **개인의 책임:** 자신의 글이나 댓글이 다른 사람에게 미칠 수 있는 영향을 인식하고, 책임감 있는 소셜 미디어 사용을 장려합니다.

4 사회적 상호작용

- **건강한 소셜 미디어 사용:** SNS 중독이나 과도한 사용을 피하고, 온라인과 오프라인의 균형을 맞추는 방법을 배웁니다.
- **인간관계 기술:** 온라인에서의 의사소통 기술을 개발하여 건강한 인간 관계를 유지하는 데 도움이 됩니다.

5 직업적 활용

- **네트워킹 기술:** 직업적 관계를 구축하고 유지하는 데 도움이 되는 SNS 활용 기술을 배웁니다.
- **개인 브랜딩:** SNS를 통해 자신의 전문성과 경험을 효과적으로 나타내어 경력 발전에 도움이 됩니다.

이러한 교육은 사용자가 SNS를 더 안전하게 사용하고, 그로 인한 위험을 최소화하며, 디지털 환경에서 더 효과적으로 소통하고 상호작용하는 데 도움이 될 수 있습니다.

Memo

- [ ]
- [ ]
- [ ]
- [ ]
- [ ]
- [ ]
- [ ]
- [ ]
- [ ]
- [ ]
- [ ]

03 SNS가 사회 및 개인에 미치는 영향

SNS(소셜 네트워킹 서비스)는 현대 사회와 개인에 광범위한 영향을 미치고 있습니다. 이러한 영향은 긍정적이기도 하고 부정적이기도 합니다.

사회에 미치는 영향

1 긍정적 영향

- **정보의 빠른 전파:** 중요한 사회적 이슈나 뉴스가 빠르게 퍼져나갈 수 있어 사람들의 인식을 빠르게 변화시킬 수 있습니다.
- **소수자의 목소리 확산:** 전통적인 미디어에서는 잘 다뤄지지 않는 소수자의 목소리를 전파할 수 있는 플랫폼을 제공합니다.
- **사회적 연결 강화:** 지리적 거리에 구애받지 않고 사람들과 연결될 수 있으며, 다양한 관심사를 공유하는 커뮤니티 형성을 도와줍니다.

2 부정적 영향

- **가짜 뉴스와 오보의 확산:** 검증되지 않은 정보가 빠르게 퍼질 수 있어 사회적 혼란을 야기할 수 있습니다.
- **극단주의의 확산:** SNS를 통해 극단적인 의견이나 가치관을 가진 집단이 서로 결집하고, 이로 인해 사회적 갈등이 증폭될 수 있습니다.
- **사이버 괴롭힘과 명예훼손:** 개인의 명예를 손상시킬 수 있는 내용이 빠르게 퍼져나가며, 이로 인한 피해가 커질 수 있습니다.

개인에 미치는 영향

1 긍정적 영향

- **자기표현과 자아실현:** 자신의 생각, 감정, 경험을 공유하며 자기표현을 할 수 있습니다.
- **소속감과 지지:** 비슷한 경험을 한 사람들과 연결되어 공감과 지지를 받을 수 있습니다.
- **학습과 성장:** 다양한 정보와 지식을 공유받고, 새로운 기술이나 아이디어를 배울 수 있습니다.

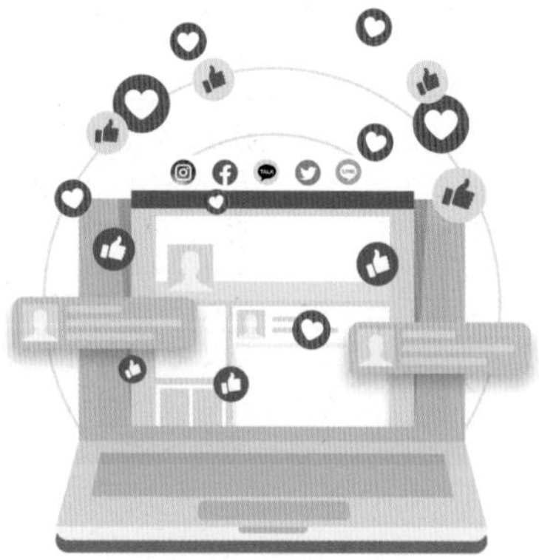

2 부정적 영향

- **사생활 침해:** 개인의 사생활이 노출되거나 침해받을 위험이 있습니다.
- **자존감 저하:** 다른 사람들과 자신을 비교하게 되면서 자존감이 저하될 수 있습니다.
- **중독성:** SNS 사용이 과도해지면 중독성을 띠고 일상생활에 부정적인 영향을 미칠 수 있습니다.

종합적으로 볼 때, SNS는 현대 사회와 개인에게 많은 영향을 미치고 있으며, 이러한 영향을 긍정적으로 만들기 위해서는 사용자 스스로가 책임감 있게 SNS를 사용하고, 필요한 경우에는 SNS 사용에 대한 교육과 지도가 필요합니다.

Memo

04 SNS 예절 규칙

SNS예절 규칙 ❶ 개인 정보 보호

1 자신의 위치, 일상, 개인정보 노출의 위험성
SNS에서 실시간 위치나 일상을 공유할 때 발생할 수 있는 위험성(스토킹, 범죄 위험 등)

- 개인정보 공개를 최소화 한다
- 개인정보 공개시에는 신중하게 검토한다.
- 개인정보 설정을 필요에 따라 공개범위를 제한한다.
- 공공 와이파이 네트워크에서는 개인정보 주고 받는 것을 피한다.
- 암호화된 연결을 사용하고, 신뢰할 수 있는 앱 및 서비스를 사용
- 필요하지 않은 앱에서는 위치 정보 접근을 차단

2 개인 정보의 유출 및 이용 사례 소개
해킹, 스캠, 사기 등 개인정보가 유출되었을 때 발생한 실제 사례

- **정보 도용 및 사기 :** 사기성 전화, 이메일, 메시지를 통해 개인정보를 빼내려는 시도
- **신용카드 및 금융정보 도용 :** 신용카드 번호, 은행계좌정보 등 노출로 부정거래 시도
- **사생활 침해 :** 주소, 전화번호, 가족 구성원 등의 정보 보출
- **광고 및 마케팅 목적의 이용**
  : 광고 및 마케팅 회사가 해당 정보를 수집, 개인정보 보호 및 광고에 대한 선택권을 침해할 수 있다.
- **개인정보 악용과 사회 공격**
  : 개인정보를 이용하여 계정을 해킹, 사회공학 기법을 사용하여 악용할 수 있다.

스토킹 영상

- **국토교통부 개인정보 관리 소홀로 과징금 2500만 원 처분**

2023년 5월 10일 국토교통부(이하 국토부)는 개인정보보호법 제24조 3항을 위반해 과징금 2500만 원을 내게 되었다. 국토부는 건축 행정 시스템을 수정하는 과정에서 해당 시스템에 등록된 개인들의 주민등록번호를 무더기로 유출시켰다.
개인정보위원회에 따르면 주민등록번호와 같은 고유식별 정보를 처리하는 경우 해당 고유식별 정보가 분실이나 유출, 위·변조되지 않도록 암호화해야 하는데 국토부는 이를 지키지 않아 과징금을 물게 된 것이다.

- **LG U+ 이용 고객 개인정보 29만 건 유출**

올해 초 LG U+ 이용 고객 29만 명의 개인정보가 해킹으로 인해 유출되었다. 개인별로 차이가 있지만 성명, 생년월일, 전화번호 등 중요한 정보까지 포함되어 있었다. 심지어 29만 명 중 18만 명은 현재 유플러스 이용 고객이지만 11만 명은 해지 고객 데이터라고 한다.
이에 LG U+는 정보보호 조직과 투자를 확대하는 등 사이버 보안에 힘쓰겠다고 밝혔다.

- **명품 플랫폼 스타트업 발란, 고객 개인정보 유출**

2015년에 설립된 온라인 럭셔리 플랫폼 스타트업 발란도 해킹으로 인해 고객 정보를 탈취당했다. 2022년 3월, 4월 두 차례에 걸쳐 약 162만 건의 개인정보가 유출되었다.
유출된 정보에는 고객 이름, 주소, 전화번호 등 민감한 정보가 포함되어 있었죠. 심지어 소셜 로그인 기능 오류로 다른 이용자에게 해당 고객의 개인정보가 노출되는 사고도 있었다.

조사 결과, 발란은 개인정보 처리 시스템에 접근하는 IP 주소를 제한하지 않았고 미사용 관리자 계정도 삭제하지 않은 것으로 밝혀졌어요. 해커는 미사용 관리자 계정을 해킹해 고객 개인정보를 유출한 것이었다.

스캠영상

딥페이크 영상

▶ **스캠(Scam)**

스캠(Scam)은 원래 도박에서 상대를 속이는 것을 말하며, 이후 금융과 무역 등 산업 분야에서 상대를 속여 돈을 갈취하는 범죄 용어로 자리 잡았다. 2016~2017년 사이 계좌 정보를 변경했다며 다른 계좌로 돈을 요구하는 무역사기 스캠이 성행했다.
한편, 개인을 노린 범죄에도 사용됐는데, 우리가 잘 아는 '로맨스 스캠(Romance Scam)'도 2014년부터 증가하기 시작했다.

스캠(Scam) 범죄의 경우 [AI대화형 서비스]나 [딥페이크 기술(Deepfake Technology)] 기술이 발전함에 따라 더욱 기승을 부리고 있는 실정이다.

SNS예절 규칙 ❷ 개인 정보 보호

1 사진 공유 시 사전 동의의 중요성

타인의 사진을 공유하기 전에 반드시 그 사람의 동의를 얻는 것의 중요하다.

① **사진 및 내용의 동의:** 타인의 사진이나 내용을 공유할 때는 상대의 동의를 받는 것이 중요합니다. 동의없이 공유하면 개인정보 침해나 상대의 불쾌감을 유발할 수 있습니다.

② **사진 편집의 적절성:** 공유 사진을 편집할 때는 타인의 이미지나 프라이버시를 존중해야 합니다. 무단으로 사진을 수정하거나 부적절한 내용을 첨가하는 것은 예절에 어긋나고 불쾌할 수 있습니다.

③ **내용의 확인과 신뢰성:** 내용을 공유하기 전에 출처를 확인하고, 신뢰할 수 있는 정보인지 검증해야 합니다.

④ **존중과 배려:** 타인의 사진이나 내용을 공유할 때는 상대의 개인적인 경험과 감정을 존중해야 합니다. 비판적인 의견을 말하기 전에 상황을 고려하고 감정을 배려하는 마음가짐을 가져야 합니다.

서로 예절을 지키며 SNS를 해야 좋은 인터넷 문화를 형성할 수 있습니다.

2 저작권 및 초상권에 대한 이해

저작권

저작권은 저작자의 권리를 보호하며, 모든 창작물은 저작권법의 보호를 받습니다. 저작권으로 보호되는 저작물에는 소설, 회화, 영화나 노래와 같은 예술 작품 뿐만 아니라 컴퓨터 프로그램, 웹사이트 디자인, 건축 도면 및 제품 설명서와 같은 비즈니스 산출물도 포함됩니다.

저작권 영상

저작권 보호는 저작물이 창작된 시점에서부터 시작되며, 저작자의 사후 70년까지 유지됩니다. 저작권은 저작권 위원회에 등록할 수 있습니다. 등록은 필수는 아니지만 권장사항입니다. 추후 저작권에 기초하여 권리행사를 할 때에는 저작권 등록을 하는 것이 권리를 명확히 할 수 있습니다.

초상권

초상권은 개인의 얼굴, 몸 등 개인의 생활에 관련된 이미지나 정보를 다른 사람이 무단으로 사용하지 못하도록 보호하는 법적 권리를 가리킵니다. 이러한 권리는 개인의 사생활을 보호하고 상업적인 목적으로 다른 사람의 이미지를 사용하는 것을 제한하기 위해 중요합니다. 초상권은 대부분 국가별로 다르게 정의되고 보호되며, 법적인 상황에 따라 다를 수 있습니다.

초상권 영상

SNS예절 규칙 ❸ 댓글 및 메시지 예절

1 온라인 상에서의 말투와 표현

온라인 상에서는 표현이 왜곡될 수 있으므로, 말투나 표현에 주의해야 힙니다..

① **명확하고 존댓말 사용:** 온라인 커뮤니케이션에서는 상대방의 표정이나 목소리 톤을 볼 수 없기 때문에 말투와 표현이 중요합니다. 명확하고 존댓말을 사용하여 상대방이 쉽게 이해할 수 있도록 하며, 예의를 지키는 것이 중요합니다.

② **이모티콘과 이모지 사용:** 글만으로는 감정이 잘 전달되지 않을 수 있어 적절한 이모티콘 또는 이모지를 사용하여 감정을 표현하는 것이 도움이 될 수 있습니다. 단, 상대방이 오해하지 않도록 적절한 상황에서 사용하는 것이 중요합니다.

③ **대화의 맥락 고려:** 글로 표현되는 내용이 다양한 해석이 가능하므로, 현재 대화의 맥락을 잘 파악하고 그에 맞게 표현을 선택해야 합니다.

④ **성의 있는 답변:** 댓글이나 메시지에 답변을 할 때는 성의 있게 답변하는 것이 중요합니다. 간단한 인사말이나 답변도 상대방에게 긍정적인 인상을 줄 수 있습니다.

2 타인에 대한 배려와 존중의 중요성

댓글이나 메시지를 남길 때, 상대방의 감정을 존중하고 배려하는 태도가 중요합니다.

① **인격 존중:** 온라인 상에서도 타인의 인격을 존중해야 합니다. 개인적인 공격이나 비방, 차별적인 발언은 삼가해야 합니다.

② **의견 존중:** 다른 사람의 의견이나 관점을 존중하며, 의견이 다를 때에도 존중의 태도를 유지하는 것이 중요합니다. 토론이나 논쟁이 발생하더라도 존중의 틀 안에서 이루어져야 합니다.

③ **개인정보 보호:** 타인의 개인정보를 존중하고 보호해야 합니다. 온라인 상에서 타인의 개인정보를 공유하거나 유출하지 않도록 주의해야 합니다.

④ **적절한 시간 고려:** 댓글이나 메시지를 보낼 때에는 상대방의 시간을 고려하는 것이 중요합니다. 너무 늦거나 이른 시간에 메시지를 보내는 것은 피하는 것이 좋습니다.

이와 같은 온라인 예절을 지키면서 소통하면, 보다 즐겁고
건강한 온라인 커뮤니티를 만들어갈 수 있습니다.

패드립 영상

SNS 예절 규칙 ④ 가짜 뉴스와 정보 확인의 중요성

1 믿을 수 없는 출처의 정보 공유 위험성

모든 정보를 무비판적으로 받아들이지 않고, 진위를 확인하는 습관의 중요성을 설명합니다.

2 정보의 진실성을 확인하는 방법

정보의 진실성을 확인할 수 있는 온라인 사이트

- 서울대학교 언론정보연구소(https://factcheck.snu.ac.kr)
- 뉴스톱(http://www.newstof.com)

Memo

☐
☐
☐
☐
☐
☐
☐
☐
☐
☐
☐
☐
☐
☐
☐

유튜브 가짜 뉴스 판별하는 방법은?

유튜브가 야기하는 여러문제

대표적인 문제로 '필터버블'과 '확증편향'이 있다.

1 추천 알고리즘을 통한 필터 버블(filter bubble)

- 다양한 미디어 플랫폼, 특히 유튜브에서 제공되는 내용에 과도하게 의존함으로써, 사용자들이 점차 자신의 한정된 관점에 갇혀 정보의 다양성을 놓치고 있는 상황을 설명하기 위해 사용되는 용어입니다. 이 용어는 엘리 프레이저라는 미국의 온라인 시민 운동 단체 무브온의 지도자가 자신의 책 '생각 조종자들'에서 소개한 개념입니다.

필터버블

2 시사·정치·유튜브 채널을 중심으로 전개되는 확증 편향 (confirmation bias)의 강화

- 자신의 신념체계, 가치관, 판단기준과 부합하는 정보에만 관심을 기울이며, 그렇지 않은 정보는 외면하는 경향을 보이는 사고방식을 지칭한다. 필터 버블 현상과 확인 편향을 피하기 위해 정보를 올바르게 이해하고 적절히 사용하는 능력, 즉 '미디어 리터러시'가 필수적으로 요구된다.

확증편향

유튜브 전성시대에 필수적인 '정보와 콘텐츠 리터러시'를 높일 만한 구체적인 방안

- 유튜브 내에서 무분별하게 양산되고 있는 가짜 뉴스는 여론을 호도하고, 사람들이 지식과 정보를 올바르게 이해할 수 있는 능력을 저해한다. 그래서 등장한 개념이 미디어 리터러시이다. 미디어를 제대로 이해하고, 활용하기 위해서는 올바른 미디어 교육을 통해 가짜 뉴스를 제대로 분별할 수 있어야 한다.

미디어 리터러시를 능력을 높이는 6가지 방안

❶ 신뢰할 수 있는 소스 확인

유튜브에서 제공되는 정보 중에서 신뢰할 수 있는 소스를 확인하는 것이 중요합니다. 독립적이고 신뢰성 있는 채널, 전문가의 의견을 제공하는 채널, 검증된 정보를 제공하는 공식 채널 등을 찾아서 구독하고 해당 채널의 콘텐츠를 시청하는 것이 좋습니다.

❷ 비판적 사고 발달

모든 유튜브 콘텐츠를 비판적으로 접근하는 것이 중요합니다. 정보를 받아들이기 전에 출처, 제목, 설명, 댓글 등을 종합적으로 분석하고 판단하는 습관을 기르는 것이 필요합니다. 사실 확인, 다른 의견 탐색, 팩트 체크 사이트 등을 활용하여 자신의 판단을 강화하는 것이 도움이 됩니다.

❸ 다양한 콘텐츠 장르 탐색

유튜브는 다양한 콘텐츠를 제공하고 있습니다. 한 가지 분야에 국한되지 않고 다양한 콘텐츠 장르를 탐색하면서 다양한 시각과 의견을 접할 수 있습니다. 이를 통해 다양한 관점을 이해하고 폭넓은 시각을 갖출 수 있습니다.

❹ 미디어 리터러시 교육

교육 기관이나 단체에서는 유튜브와 같은 플랫폼에서 올바른 정보를 찾고 활용하는 방법에 대한 교육을 제공하는 것이 좋습니다. 미디어 리터러시 교육을 통해 콘텐츠의 제작 과정, 편집 기술, 정보 조작 등을 이해하고 올바른 판단력을 갖출 수 있습니다.

❺ 과몰입을 경계하기

유튜브는 중독성이 강한 매체입니다. 따라서, 과몰입을 경계하고, 적절한 시청 시간을 유지하는 것이 중요합니다. 유튜브 시청 시간을 제한하고, 다른 활동을 통해 휴식을 취하는 것이 좋습니다.

❻ 부모 및 보호자의 관여

어린이와 청소년들이 유튜브를 이용할 때, 부모 및 보호자의 관여가 필요합니다. 적절한 콘텐츠를 선택하고 시청 시간을 관리하는 등 유해한 콘텐츠로부터 보호하는 것이 중요합니다. 부모 및 보호자는 유튜브 사용에 대한 가이드라인을 제공하고 함께 시청하며 대화하는 것이 도움이 됩니다.

이러한 방안들을 실천하면 유튜브를 효과적으로 활용하면서 필수적인 정보와 콘텐츠 리터러시를 높일 수 있습니다.

가짜 뉴스를 판별하고 유튜브 콘텐츠를 비판적으로 이해할 수 있는 방법론

역사상 거짓 정보와 사기꾼이 없던 적은 없지만 세상이 발전해 감에 따라 가짜의 위장술이 점점 교묘해지고 있다. 그래서 진짜와 가짜를 구별하는 일이 점점 더 어려워져가고 있다.

최근 들어 가짜 뉴스 때문에 전 세계가 골치를 앓고 있다. 심지어는 사회 정의를 위해 올바른 붓을 들어야 할 언론에서조차 각종 가짜 뉴스를 남발함으로써 더욱 사회를 어지럽게 하고 있다.

현 시대 사람들의 평균 학력이 그 어느 때보다 높아져 있고, 누구나 스마트폰과 인터넷이란 편리한 지적 도구를 늘 휴대하는 정보화 사회이지만 가짜 뉴스의 피해는 오히려 커지고 있다.

대부분 자칭 똑똑하다는 사람들은 온라인상에 넘쳐나는 가짜뉴스를 스스로 걸러낼 능력이 있다고 자신하지만 가짜뉴스를 워낙 정교하게 만들어내고 있기 때문에 근거 자료와 사진까지 조작해 내고 있는 가짜뉴스에는 전문가들 조차 속아 넘어가는 경우가 적지 않다.

글로벌 시장조사 업체인 입소스(Ipsos)가 2018년 7월 30일부터 8월 2일까지 15~65세 싱가포르 시민 및 현지 거주 외국인 750명을 대상으로 한 실험에서 79%의 사람들이 스스로 가짜뉴스를 판별할 능력이 있다고 응답했으나 이들 중 5개의 가짜뉴스 가운데 1~2개를 골라낸 참가자의 비율은 43%에 불과했다.

미국 플로리다대학 심리학 post-doc.과정의 다이뎀 펠리바노글루는 뉴스의 진위여부를 구별하는데 연령의 차이가 있는지 확인하는 실험을 했는데 2020년 5~10월에 진행된 이 실험에는 61~87세 사이의 고령자와 대학생들이 참여하였으며 실험심리학 저널에 발표된 실험 결과 논문에 따르면 고령자와 청년들이 가짜뉴스를 가려내는데 비슷한 능력을 보였음을 볼 수 있다.

정보 과잉 시대에 가짜 뉴스에 대응하기 위해서는 뉴스 이용자들이 정보의 진위를 빠르게 판별해 내는 선구안을 필요로 한다. 즉 미디어 리터러시 역량이다. 미디어 리터러시란 '미디어(media)'와 '리터러시(literacy)'의 합성어로, 미디어에 접근할 수 있고 미디어 작동 원리를 이해하며 미디어를 비판하는 역량을 넘어 미디어를 적절하게 생산하고 활용할 수 있는 역량을 의미한다.

가짜 뉴스 영상

쉽게 말해서 '미디어 정보 활용 능력'으로 해석하면 된다.

유럽에서는 1972년에 핀란드에서 처음으로 학교 교과 과정에 포함시켜 교육하고 있으며 우리나라의 경우 교육부에서 청소년들에게 미디어 리터러시를 통해 가짜뉴스를 어떻게 판별하는지에 대해 순서대로 교육하고 있다.

▶ 가짜 뉴스를 퍼트리지 않는 방법

- 일시 멈추고 깊이 생각해보자
- 정보의 출처를 제대로 확인하자
- 허위 정보일 가능성을 배제하지 말자
- 확신이 없으면 전파하지 않는 것이 좋다
- 사실을 개별적으로 검증하자
- 감정을 자극하는 게시물에 주의하자
- 동의한다고 무조건 공유하는 습관을 버리자

▶ 가짜 뉴스를 판별하는 방법

- 먼저 정보가 진짜인지 가짜인지 의심해본다.
- 제목을 검색해서 주요 뉴스 사이트에 있는지 확인한다.
- 제목에 너무 많은 특수 문자나 색상이 들어가면 신뢰하기 어렵다.
- 무엇을 믿는다면, 그로 인해 누구에게 이점이 가는지 생각해본다.

가짜 뉴스
판별 영상

▶ 가짜 뉴스를 퍼트리지 않는 해결책

- 사용자는 스스로 판단할 수 있어야 한다.
- 유튜브의 추천만 따르지 말고, 스스로 선택하며 동영상을 봐야 한다.
- 단순히 받아들이는 것이 아닌, 잘 알고 보는 자세가 필요하다.
- 유튜버들도 좋은 내용을 만들어내는 것이 중요하다.
- 시청자의 스스로 생각하며 볼 준비와 크리에이터의 성실한 태도가 중요하다.

SNS예절 규칙 ⑤ SNS중독 및 스마트폰 사용 시간 관리

1 스마트폰 사용 패턴과 건강 문제

스마트폰 중독의 증상과 그로 인한 건강 문제 해결방법 – 스마트쉼센터 (www.iapc.or.kr)

스마트폰의 과도한 사용은 다양한 건강 문제를 일으킬 수 있습니다.

눈 건강

- **디지털 눈 피로(Digital Eye Strain):** 장시간 스크린을 바라보면 눈이 피로해지고 건조해질 수 있습니다.
- **수면 문제:** 스마트폰의 블루라이트는 수면 패턴을 방해하여 잠들기 어렵게 만들 수 있습니다.

신체 건강

- **목과 어깨 통증:** 장시간 스마트폰을 사용하면서 고개를 숙이고 있는 자세는 목과 어깨에 통증을 일으킬 수 있습니다.
- **손목과 손가락 통증:** 연속적으로 작은 버튼을 누르거나 스와이프 하는 동작은 손목과 손가락에 부담을 줄 수 있습니다.

정신 건강

- **중독성:** SNS나 다른 앱들은 사용자가 계속해서 앱을 사용하도록 설계되어 있어 중독성을 가지고 있습니다.
- **스트레스와 우울:** 온라인에서의 부정적인 상호작용이나 지나치게 다른 사람들과 자신을 비교하게 되면 스트레스와 우울감을 느낄 수 있습니다.

2 일상에서 스마트폰 사용 시간을 효과적으로 관리하는 방법

시간 제한 설정

- **앱 사용 시간 제한:** 특정 앱의 사용 시간을 제한하는 기능을 활용하세요.
- **잠자리 전 디지털 디톡스:** 잠자리에 들기 전 1시간 동안은 스마트폰을 사용하지 않도록 합니다.

▶ **일상에서의 스마트폰 사용 시간 관리 방법**

일상에서 스마트폰 사용 시간을 효과적으로 관리하는 방법

● 시간 제한 설정
- **앱 사용 시간 제한:** 특정 앱의 사용 시간을 제한하는 기능을 활용하세요.
- **잠자리 전 디지털 디톡스:** 잠자리에 들기 전 1시간 동안은 스마트폰을 사용하지 않도록 합니다.

● 건강한 습관 형성
- **아이 컨택트 유지:** 대화를 할 때는 스마트폰을 내려놓고 상대방과 눈을 맞춥니다.
- **활동적인 휴식:** 작업 중간에 짧은 산책을 하거나 스트레칭을 하여 몸을 움직입니다.

● 기술적 도구 활용
- **스크린 타임 추적:** 스마트폰의 스크린 타임 추적 기능을 활용하여 사용 패턴을 파악하고 조절합니다.
- **알림 관리:** 필요하지 않은 알림은 끄고 중요한 알림만 받도록 설정합니다.

● 사회적 지지
- **가족과의 시간:** 가족과 함께하는 시간을 중요시하고, 이때는 스마트폰을 사용하지 않도록 합니다.
- **친구들과의 약속:** 친구들과 만날 때는 스마트폰을 사용하지 않고 대화에 집중합니다.

이러한 방법들을 통해 스마트폰 사용 시간을 효과적으로 관리하고, 건강한 디지털 생활을 유지할 수 있습니다.

스마트쉼센터 바로가기

스마트폰 사용시간 관리

SNS 예절 및 매너 문제

SNS 예절 및 매너 문제

1 SNS에서의 디지털 발자취(digital footprint)란?

① 사용자가 남긴 댓글의 흔적
② 사용자가 검색한 키워드의 기록
③ 사용자의 온라인 활동 전반에 걸친 흔적
④ 사용자의 팔로워 수

2 SNS에서 '도싱(Doxxing)'이란 무엇을 의미하는가?

① 불필요한 정보를 삭제하는 행위
② 개인 정보를 공개하여 피해를 입히는 행위
③ 댓글을 달아 정보를 얻는 행위
④ 온라인 게임에서의 행동

3 SNS에서의 '피싱(Phishing)'이란?

① 물고기 사진을 공유하는 행위
② 위장된 이메일이나 웹사이트를 통해 개인 정보를 도용하는 행위
③ 댓글로 정보를 낚아채는 행위
④ 새로운 팔로워를 얻는 행위

4 SNS에서 정보를 공유할 때 중요한 'PII(Personally Identifiable Information)'에 포함되지 않는 것은?

① 생년월일
② 전화번호
③ 취미
④ 주소

5 SNS 사용 시 '2FA(Two-Factor Authentication)'의 중요성은?

① 두 번의 비밀번호 입력으로 보안 강화
② 추가적인 인증 절차를 통해 계정 보호
③ 두 개의 SNS 계정을 연동
④ 팔로워를 두 배로 늘리는 기능

6 SNS에서 'Deepfake'란?

① 깊은 생각을 나누는 포럼
② 인공 지능을 활용하여 만든 가짜 영상 또는 오디오
③ 깊은 정보를 공유하는 게시물
④ 실제 사진을 깊게 분석하는 기술

7 'GDPR(General Data Protection Regulation)'이란 무엇과 관련 있는가?

① 전세계 데이터 보호 법률
② 게임 데이터의 보호 지침
③ 유럽 연합의 개인 정보 보호 법률
④ 글로벌 디지털 파트너 관계

8 SNS에서 'Echo Chamber' 효과란?

① 소리가 여러 번 반복되는 현상
② 같은 의견의 사람들끼리 모여 정보를 교환하는 현상
③ 다양한 의견을 수용하는 커뮤니티
④ 의견을 반복적으로 공유하는 행위

9 SNS의 'Algorithmic Bias'란 무엇을 의미하는가?

① 알고리즘의 기본 구조
② 사용자의 선호도에 따른 게시물 추천
③ 알고리즘이 특정 그룹이나 의견을 우선적으로 표시하는 경향
④ 알고리즘의 오류

10 SNS에서의 'Social Engineering' 테크닉 중 하나는?

① 소셜 네트워킹 서비스 개발
② 사람의 심리나 행동을 이용한 정보 도용
③ 소셜 미디어 마케팅 전략
④ 온라인에서의 공학적 연구

정답 1③ 2② 3② 4③ 5② 6② 7③ 8② 9③ 10②

11 SNS 사용 시 'Digital Wellbeing'의 의미는?

① 디지털 기기의 배터리 수명
② 온라인 활동과 건강한 생활의 균형
③ 디지털 기기의 성능 향상
④ 온라인에서의 잘못된 정보 공유

12 SNS에서 'Filter Bubble' 현상이란?

① 사진 필터 사용의 증가
② 사용자의 선호도에 따라 제한된 정보만을 제공하는 현상
③ 여러 사용자의 의견 필터링
④ 게시물의 스팸 필터 기능

13 SNS에서 'Cyber Hygiene'의 중요한 요소는?

① 매일 새로운 게시물 업로드
② 정기적인 비밀번호 변경 및 보안 설정 검토
③ 팔로워 수 증가 전략
④ 디지털 광고 클릭

14 SNS 사용 시 'Digital Detox'란?

① 디지털 데이터의 삭제
② 디지털 기기 사용을 일시적으로 중단하거나 줄이는 행위
③ 디지털 환경에서의 디톡스 푸드 섭취
④ 디지털 기기의 청소

15 SNS에서 'Shadow Banning'이란 무엇을 의미하는가?

① 게시물의 내용이 어두워 보이게 하는 기능
② 사용자에게 알리지 않고 게시물이나 댓글의 노출을 제한하는 행위
③ 사용자 계정을 임시적으로 정지시키는 행위
④ 야간 모드 활성화

16 SNS의 'Native Advertising'은?

① 광고를 원래의 콘텐츠처럼 표시하여 사용자의 주의를 끄는 광고 방식
② 국내 시장을 대상으로 한 광고
③ 특정 국가의 전통적인 광고 방식
④ 원어민 대상 광고

17 SNS에서 'Troll'이란?

① 인터넷 브릿지 관리자
② 동굴에 사는 판타지 생물
③ 다른 사용자를 괴롭히거나 화나게 하기 위해 특별히 도발적인 댓글이나 게시물을 작성하는 사람
④ 인터넷의 느린 속도

18 SNS에서 'Misinformation'과 'Disinformation'의 주요 차이점은?

① 정보의 출처
② 정보의 퀄리티
③ 의도적으로 허위 정보를 전파하는지의 유무
④ 정보의 양

19 SNS에서 'Influencer'의 주요 역할은?

① 인터넷 속도 향상
② 대량의 정보 분석
③ 팔로워나 구독자에게 영향을 주는 컨텐츠 제작 및 공유
④ 온라인 게임의 리더

20 SNS의 'Engagement Rate'는 무엇을 측정하는 지표인가?

① 웹사이트의 접속 시간
② 광고의 클릭 수
③ 게시물에 대한 사용자의 반응과 상호작용의 비율
④ 새로운 팔로워의 증가율

11② 12② 13② 14② 15② 16① 17③ 18③ 19③ 20③

부록
2

실생활에 꼭 필요한
앱 활용하기

01 스마트폰을 제대로 배우고 익혀야 하는 이유

4차 산업혁명 시대!
스마트폰 활용을 제대로 배우고, 익혀야 하는 이유?

스마트폰 활용을 제대로 배우고, 익혀야 하는 이유에 대해서 간략하게 3가지 관점에서 알아보겠습니다.

첫 번째, 스마트폰은 문화이다.
두 번째, 스마트폰은 소통의 도구이다.
세 번째, 스마트폰은 정보를 얻을 수 있는 창고이다.

첫 번째, 포노 사피엔스(phono sapiens)시대! 스마트폰은 문화입니다!

전 세계 유명한 경제학자들이 연구한 바에 의하면 인구 5천만 명을 기준으로 볼 때 100만 명이상이 사용하면 패션(Fashion)이고, 500만 명 이상이 사용하면 트렌드(Trend)고, 1,000만 명 이상이 사용하면 문화(Culture)라고 합니다.

패션이나 트렌드는 바뀔 수 있지만, 문화는 쉽게 바뀌지 않습니다.
2023년 4월 현재 기준 대한민국 스마트폰 개통 대수 7,160만 대!
이제 스마트폰 활용은 선택이 아니라 문화이며 필수로 제대로 배우고, 익혀야 할 도구입니다.

스마트폰이 문화인 현재의 세상을 포노사피엔스(phono sapiens)시대라고 합니다!
2016년 영국 이코노미스트에서 처음 사용한 단어로 '포노 사피엔스(phono sapiens)는 '스마트폰(smartphone)'과 '호모 사피엔스(homo sapiens: 인류)'의 합성어로, 휴대전화를 신체의 일부처럼 사용하는 새로운 세대를 뜻합니다.

의역(譯)을 하자면 스마트폰을 똑똑하게 사용하면 '포노 사피엔스(phono sapiens)'라고 하고 스마트폰을 핸드폰으로만 사용하면 호모 사피엔스(생각하는 인류)인 것입니다.

대한민국 4인 가족 기준으로 한 달 통신비 지출이 얼마나 될까요?
(통신비 : 이동전화요금, 인터넷, 유선전화, IPTV, OTT 서비스, 우편 서비스 등)

30만 원입니다. 1년에 360만 원입니다.
적은 돈이 아닙니다.

2009년 10월부터 대중적으로 스마트폰이 일반화되었고 2011년 3월 23일 스마트폰 가입자가 1,000만 명을 돌파하였습니다. 2013년 말에는 국내 스마트폰 보급률이 75%를 돌파하였습니다.
스마트폰이 대중화된 2011년도부터 2023년 4월까지 대략 13년 동안 각 가정에서 수천만 원의 통신비를 지출하고 있지만 별로 통신비 설계에 대해 고민하는 사람은 거의 없습니다.
또한, 대한민국 스마트폰 사용자 그 누구도 스마트폰 통신사나 재조사한 데 스마트폰 활용 교육을 해달라고 요구하는 사람은 아무도 없습니다.

왜 그럴까요?
대부분 사람은 그냥 스마트폰을 핸드폰으로만 사용하는 경우가 많기 때문일 것입니다.

지역 주민 센터에서도 스마트폰 활용 교육을 하는 곳은 거의 없는 게 현실입니다.
기존의 구청 단위 공공기관 평생학습센터에서는 분기별로 스마트폰 활용 교육을 하고 있지만 지역의 주민센터 학습센터에서는 일반 교육(외국어 교육 등)은 하고 있지만 스마트폰 활용 교육은 하고 있지 않습니다.

만약에 수요조사를 해본다면 지역주민 중에서 시니어 실버들의 경우 스마트폰 활용 교육이 최우선일 것입니다.

4차 산업혁명 시대! 인공지능 시대에는 더욱더
스마트폰 활용 교육이 절실한 시대입니다.

대부분 성인은 학생 및 젊은 분들은 스마트폰 활용은 다들 잘하고 있다고 생각하지만, 실제는 그렇지 않습니다.
젊은 분들의 경우 자신이 필요한 건 네이버나 유튜브에서 검색해서 활용하고 있지만 실제 스마트폰이나 SNS 도구들을 활용하면 어떤 장점이 있고 어떻게 일의 효율성과 효과성을 극대화할 수 있다는 것은 잘 모르고 있습니다.
가장 큰 이유는 학교에서나 사회 교육기관에서 제대로 스마트폰이나 SNS 도구에 대해서 제대로 가르쳐주는 곳이 없기 때문입니다.

스마트폰 및 SNS 도구 활용에 대해서 가장 먼저 배우고, 익혀야 할 곳이 평생 교육을 하는 기관의 교육을 기획하는 담당자들입니다.
하지만, 실질적으로 교육을 하는 사람이나 기획하는 사람이 활용에 대해서 제대로 모르니 그냥 과거의 방식대로 기존 교육을 계속해나가고 있는 것입니다.

이제는 스마트폰 및 SNS 도구 활용을 배울지 말지 고민하는 것이 아니라 개인들은 스마트폰을 제대로 배우고 익혀서 가족 간 세대 간의 원활한 소통으로 인해 즐거운 인생을 살아가고 비즈니스 하시는 분들은 더욱더 하는 일의 생산성을 높이고 풍요로운 비즈니스 결과를 만들어 내야 할 것입니다.

두 번째, 가족 간 직원 간의 원활한 소통을 위해서라도 스마트폰 활용 제대로 배워야 합니다.

스마트폰 활용이 문화로 자리 잡은 요즘 시니어 실버들의 경우 용어 자체가 생소하다 보니 접근성이 너무 낮아 소통하는데 어려움을 많이 겪고 있습니다.
과거에는 운전면허 연습은 가족 간에 하면 싸움만 난다고 했습니다. 요즘은 스마트폰이 그렇습니다.
스마트폰에 대해서 시니어 실버 분들이 물어보고 하면 자식들은 "바빠요!"하고 피하고 손주들은 "일전에 알려드렸잖아요!"하고 피한답니다. 궁금해도 자존심 때문에 어디 물어볼 데도 마땅치 않은 게 현실이기도 합니다.

스마트폰 제대로 배우고 익히면 세대 간의 소통도 원활해질 것입니다. 소통이 원활하지 않으면 불통이 되고 불통이 반복되면 먹통이 되고 맙니다. 진정 스마트폰 활용 교육은 가족 간의 소통을 위해서라도 꼭 필요한 교육입니다. 손주들과 자녀들과 소통을 위해서라도 스마트폰 활용은 꼭 배우고 익히셔서 활용하시면 좋을 거 같습니다.

직장 내에서도 마찬가지입니다.
퇴직예정자뿐만 아니라 현업에서 일을 하는 팀장 및 관리자급 정도 되면 40대 50대라고 봐야 하는데 실질적으로 기능적인 부분은 잘 모르는 경우가 많습니다. 하지만, 기능을 잘하는 것이 중요한 게 아니라 어떤 도구나 프로그램을 사용하면 일의 효율성과 효과성을 극대화할 수 있는지 이해만 하고 있어도 팀원들에게 일을 시키거나 외주업체와 협력을 할 때도 생산성을 높일 수 있을 것입니다.

세 번째, 고객들은 자신들이 원하는 콘텐츠나 제품을 구매하고자 할 때 정보를 어디에서 찾나요?

세상에서 제일 힘든 일 중의 하나가 남의 주머니에서 돈을 꺼내는 일이라고 합니다. 남의 주머니라 함은 고객(顧客)을 말하는 것인데 그런 고객들이 자신들이 원하는 정보를 찾고자 할 때는 네이버나 유튜브 등 SNS상에서 정보를 찾아서 활용하고 있습니다. 개인들이야 스마트폰이나 SNS 기본만 활용해도 사는데 크게 불편함이 없지만 비즈니스를 하는 분들은 분야별로 다르긴 하겠지만 스마트폰이나 SNS도구들을 제대로 배우고 익혀서 고객과의 접근성을 낮추고 업무효율을 높여야 자신들이 원하는 결과치를 기대할 수 있을 것입니다.

하지만, 강의를 다녀보고 컨설팅을 하다보면 많은 소상공인들이나 중소기업의 경우 바쁘다는 이유로 업무효율을 높일 수 있는 새로운 것에 대해서 배울 엄두를 내지 못하는 경우가 많습니다. 실질적으로 짧게는 몇분에서 몇십분만 투자해도 업무효율을 높일 수 있는 기능들이 많이 있는데 제대로 배워볼 생각을 하지 못하는 모습들을 보면 안타까울 따름입니다.

4차 산업혁명 시대! 공공기관이나 기업체에서 스마트폰 및 SNS도구 활용에 대한 교육이 단타성이 아니라 심도있게 제대로 배워서 실전에서 활용할 수 있는 교육시스템이 만들어지면 하는 바람이 간절합니다.

스마트워크 시스템이 중요한 이유?

**이번에는 4차 산업혁명 시대! 1인 기업가 및 소상공인분들에게 왜?
스마트워크 교육이 필요한지에 대해서 설명하고자 합니다.**

특히나 재취업 및 창업을 준비하는 분들과 1인 기업 및 소상공인들이라면 스마트폰 활용 및 SNS 도구 활용에 대해서 제대로 배우고 익혀서 업무에 활용할 필요가 있습니다.

큰 이유 중의 하나는 현재 기업이 과거의 방식대로 일을 해서는 소상공인들의 생존 주기가 3~5년이 지나면 30%가 채 안 된다는 것입니다. 일의 효율성과 효과성을 극대화할 수 있는 시스템을 갖추지 않으면 치열한 비즈니스 세계에서 견디기 힘들다는 것을 보여주는 예입니다.
경영학적인 측면에서 보면 일의 효율성은 과정을 얘기하고 효과성은 결과를 얘기합니다. 쉽게 말하면 적은 시간 들여서 최대의 성과를 낸다는 것이고 더 쉽게 말하면 적은 돈 들여서 큰돈을 번다는 뜻입니다.

현재 많은 1인 기업 및 소기업의 경우 스마트폰과 SNS 도구를 제대로 활용하는 기업은 만족할 만한 업무성과를 내고 매출이 증대되는 효과를 톡톡히 보고 있습니다.

단순한 예로 직원 10명이 스마트폰 활용과 SNS 도구(스마트워크 앱, 유튜브, 블로그, 크롬 웹스토어 확장 프로그램, 협업프로그램 등등)를 2~30시간 정도만 제대로 배우고 익힌다면 일을 효율적으로 할 수 있는데 직원 1명당 하루에 최소 30분 정도는 절약(Save)할 수 있을 것입니다.

(소기업 소유주들이 가장 도입하고 싶은 게 스마트워크 시스템입니다) 직원이 10명이라면 하루면 300분, 한 달 20일 근무한다고 가정하면 한 달에 6,000분을 절약할 수 있고 시간으로 따지면 100시간을 다른 일에 사용할 수 있다는 계산이 나옵니다.
경제적으로 힘든 기업 입장에서는 더더욱 스마트폰 및 SNS 활용에 대해서 보다 체계적으로 배우고 익혀서 임직원들이 제대로 활용하고 협업시스템을 구축해야 할 것입니다.

스마트폰 및 SNS 도구들을 활용해서 업무 효율을 높일 수 있는 일들에는 무엇이 있을까? 몇 가지만 살펴보도록 하겠습니다.

2023년 4월 현재 대한민국 국민 5,162만 명 중에 50세 이상이 2천 2백만 명이 넘었고 60세 이상이 1,400만 명, 65세 이상이 900만 명이 넘는 세상입니다. 초고령화 시대로 달려가고 있는 대한민국의 인생 2막을 준비하는 시니어들은 스마트폰 및 SNS 도구들을 제대로 활용하지 못하고 있는 게 현실입니다.

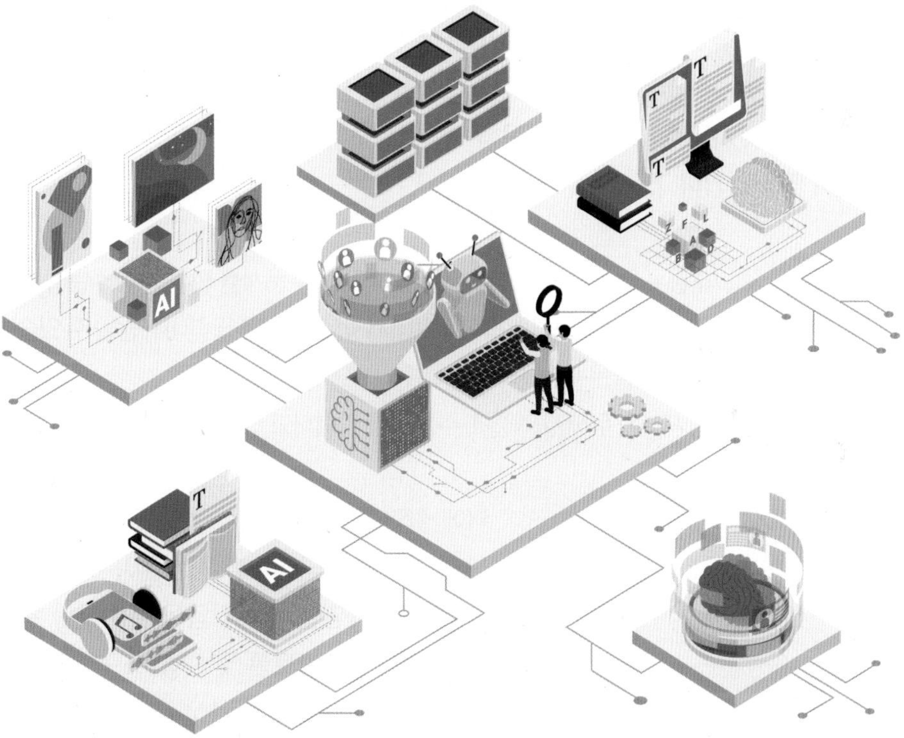

노트북이나 컴퓨터에서도 자판을 치지 않고 음성으로 말하면 타이핑을 할 수 있습니다.

A4 크기 한글 문서에 자판을 입력하는데 젊은 친구들이 5분이면 할 내용을 30분이 넘도록 타이핑만 하는 경우 업무 효율이 떨어지는 것은 자명한 사실입니다.
이제는 스마트폰 자판이나 노트북 자판을 치지 않아도 서류나 책에 있는 글자들을 몇초 만에 추출할 수 있습니다. 한국어뿐만 아니라 영어 일본어 중국어 등 다양한 외국어까지 가능합니다.

스마트폰 앱이나 PC에서 제공하는 쉽고 빠르게 디자인 작업을 할 수 있는데도 불구하고 아직도 디자이너를 고용해서 고정비 지출을 감당하고 있는 소상공인들이 많습니다.

관점을 조금만 바꿔보면 돈 안 들이고 쉽게 배워서 할 수 있는 일들을 소상공인 대부분이 경험하지 못한 탓에 바쁘다는 이유로 교육받을 시간을 할애 못 하는 경우가 매우 안타깝습니다.
소상공인들을 컨설팅하는 교수님들이나 경영지도사 및 강사들이 이런 도구 활용에 대해서 제대로 배우고 익혀서 시간을 제대로 내지 못해 교육을 못 받는 소상공인 사업자들에게 전달해주면 더할 나위 없이 좋을 것입니다.

물건을 판매하는 사람들의 경우 네이버 오피스나 구글 양식에서 주문서를 만들어서 주문을 받게 되면 수천 명의 주소록도 몇 분 만에 정리해서 택배회사에 보내서 택배 송장을 출력해서 받을 수 있습니다.
이런 노하우를 모르는 소상공인들은 어떻습니까?
몇 날 며칠을 택배 송장을 출력하기 위해서 엑셀에 주문서를 입력하고 있는 게 안타까운 현실입니다.

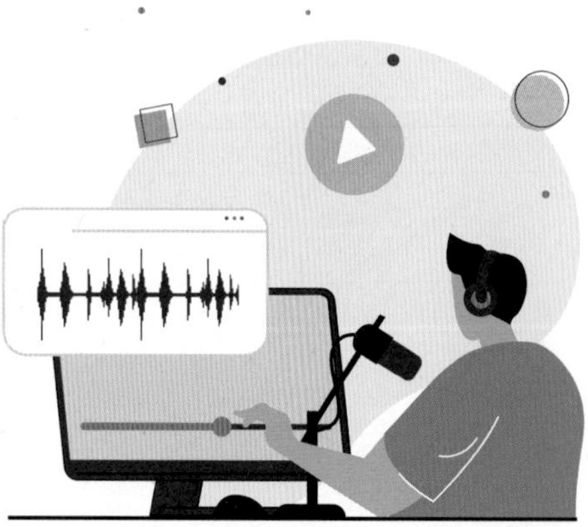

위에 설명한 일부 예처럼 쉽고도 빠르게 일의 효율성과 효과성을 극대화할 방법들이 많은데 1인 기업가 및 소상공인들이나 창업을 준비하는 분들을 보면 대부분은 스마트폰 및 SNS 도구들에 대해서 제대로 알고 있지 않다 보니 업무 효율이 떨어지는 것은 당연한 일입니다.

시니어 실버들의 경우에는 더더욱이나 기능 활용에 익숙지 않다 보니 뭘 하나 하더라도 시간이 오래 걸리게 됩니다.
강의를 하다 보면 필요성은 인지하면서도 제대로 배우고 익혀서 활용을 하려고 하는 사람들은 많지 않은 현실이 안타깝기 그지없습니다.

왜 배워서 활용을 하지 않냐고 물어보면, 대부분 바빠서 할 시간이 없다고 말합니다. 바쁜데 돈은 잘 벌고 계시냐고 물어보면 돈은 또 못 벌고 있다고 합니다. 왜 자영업자들이나 소상공인들이 3~5년 이내에 성공할 확률이 30% 미만인지 알게 되는 현실입니다.

Memo

- [ ]
- [ ]
- [ ]
- [ ]
- [ ]
- [ ]
- [ ]
- [ ]
- [ ]
- [ ]
- [ ]
- [ ]
- [ ]
- [ ]
- [ ]
- [ ]

1 스마트폰을 제대로 배우고 익혀야 하는 이유

소상공인들의 경우에 가장 먼저 스마트폰 및 SNS 도구들을 활용해서 업무 효율을 높이는 방법에 대해서 배우고 익혀서 스마트워크 시스템 구축을 해야 할 것입니다.
1인 기업가인 강사들도 마찬가지입니다.

강사야말로 자신을 홍보하고 업무 효율을 단축할 방법에 대해서 제대로 배우고, 익혀야 일의 효율성과 효과성을 극대화할 수 있습니다.

SNS소통연구소가 14년 교육을 해오면서 느끼는 것은 교육 일선에 있는 교수님, 선생님, 강사들이 먼저 배우고 익혀서 전달해야 하는데 그렇지 않은 현실이 안타깝습니다.

강사분들은 자기 계발에 많은 시간과 돈을 쓰고 있지만 정작 스마트폰 및 SNS 도구 활용에 대해서는 등한시하는 경우가 많습니다.

이 책에서 설명하고 있는 부분을 2~3번만 반복해서 해본다면 어렵지 않게 업무에 적용할 수 있으니 꼭 활용해보시기를 바랍니다.

SNS소통연구소는 전국 81개의 지부 및 지국이 운영되고 있어 많은 지역에서 교육을 수강하실 수도 있으며 오프라인과 동시에 줌(ZOOM)을 통한 비대면 교육도 매월 진행되고 있으니 언제든지 문의해 주시기를 바랍니다.

● 스마트폰에서 음성으로 자판치기 - 메시지

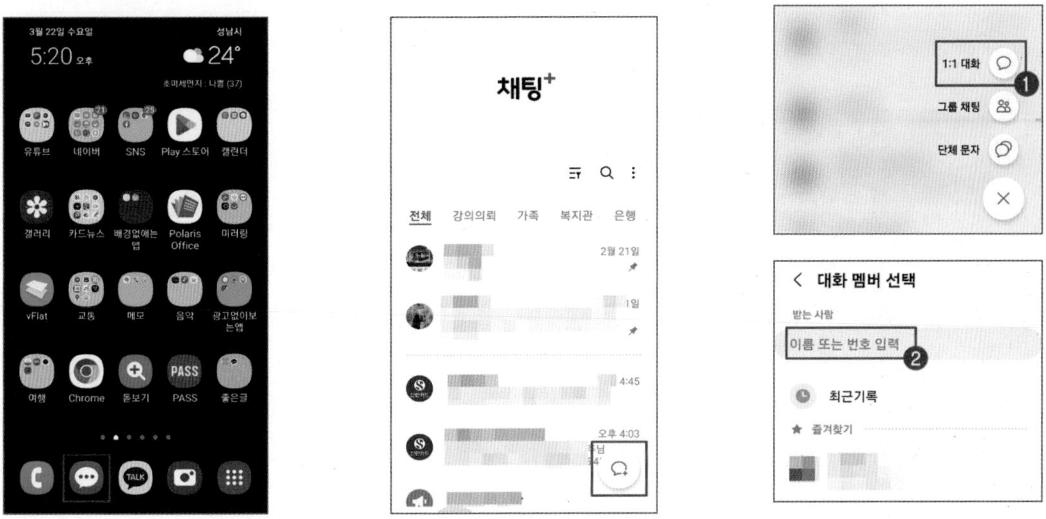

❶ 스마트폰 홈 화면 **[메시지]**를 터치합니다. ❷ 채팅 화면 하단 오른쪽 **[말풍선]**을 터치합니다.
❸ 1:1 대화, 그룹 채팅, 단체 문자를 보낼 수 있습니다. ① **[1:1 대화]**를 터치하여 받는 사람 ② **[이름 또는 전화번호]**를 입력 후 검색하여 받는 사람을 선택합니다.

❶ ① **[대화창]**을 터치하면 키보드가 나타납니다. 키보드 상단 메뉴의 ② **[마이크]**를 터치합니다. ❷ ① **[마이크]**가 파랗게 활성화될 때 보내고 싶은 메시지를 말을 하면 ② **[대화창]**에 말한 내용이 **[텍스트]**로 변환이 됩니다. 파랗게 활성화되어있는 **[마이크]**를 터치하면 **[일시 정지]**됩니다. 추가로 메시지를 쓰려면 다시 **[마이크]**를 터치하여 말을 합니다. ❸ 대화창의 글을 확인한 다음 오타가 없으면 ① **[전송]** 버튼 터치, 오타가 있는 경우 ② 하단 왼쪽 **[키보드]**버튼을 터치하여 글을 수정한 다음 보내면 됩니다.

● 스마트폰에서 음성으로 자판치기 - 카카오톡

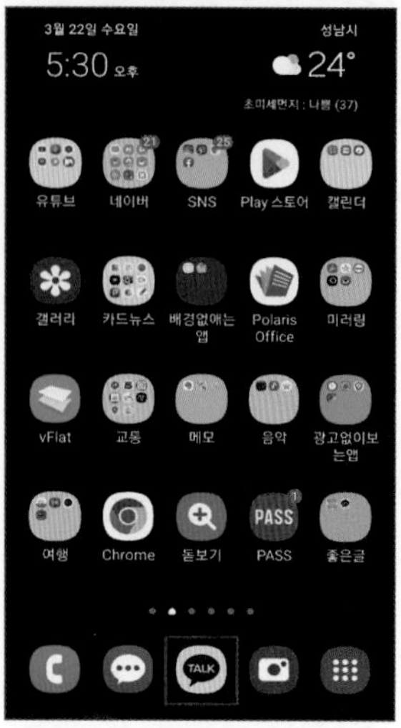

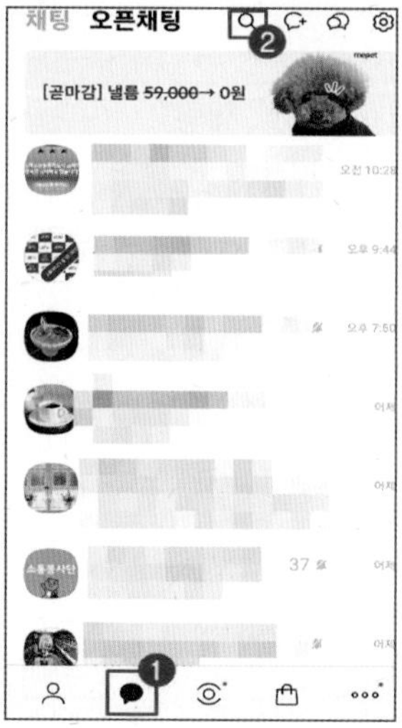

1스마트폰 홈 화면 **[카카오톡]**을 터치합니다. 2 하단 메뉴 채팅 ① **[말풍선]**을 터치하여 대화를 나누고 싶은 사람을 선택합니다. 대화할 친구는 상단 메뉴의 ② **[돋보기]** 검색 아이콘을 터치하여 검색하여 선택할 수도 있습니다. 3 ① **[대화창]**을 터치하면 키보드가 나타납니다.
키보드 상단 메뉴의 ② **[마이크]**를 터치합니다.

1 ① **[마이크]**가 파랗게 활성화될 때 보내고 싶은 메시지를 말을 하면 ② **[대화창]**에 말한 내용이 **[텍스트]**로 변환이 됩니다. 파랗게 활성화되어있는 **[마이크]**를 터치하면 **[일시 정지]**됩니다. 말할 때 발음이 정확하지 않으면 오타가 생길 수 있습니다. 대화창의 글을 확인한 다음오타가 없으면 ③ **[전송]**버튼 터치, **[오타가 있는 경우]** 하단 왼쪽 ④ **[키보드]**버튼을 터치합니다. 2 ① **[오타가 있는 곳]**을 살짝 터치하여 수정할 글을 ② **[키보드의 지우기]**로 지우고 수정합니다. 3 글을 확인 후 **[전송]**버튼을 터치하면 메시지가 보내집니다.

● PC에서 음성으로 자판치기 - 구글 문서

▶ PC에서 **[크롬]**을 클릭합니다. 구글 문서를 사용하기 위해 구글 계정에 ① **[로그인]**을 합니다. ② **[구글 앱]**을 누른 다음 ③ **[드라이브]**를 클릭합니다.

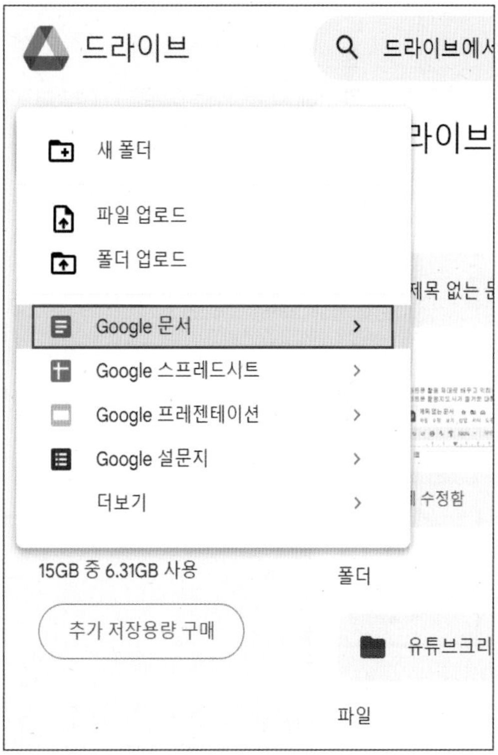

1 구글 드라이브 창에서 **[+ 새로 만들기]**를 클릭합니다.

2 **[Google 문서]**를 클릭합니다.

2 이젠 자판치지 말고 음성으로 타이핑하자

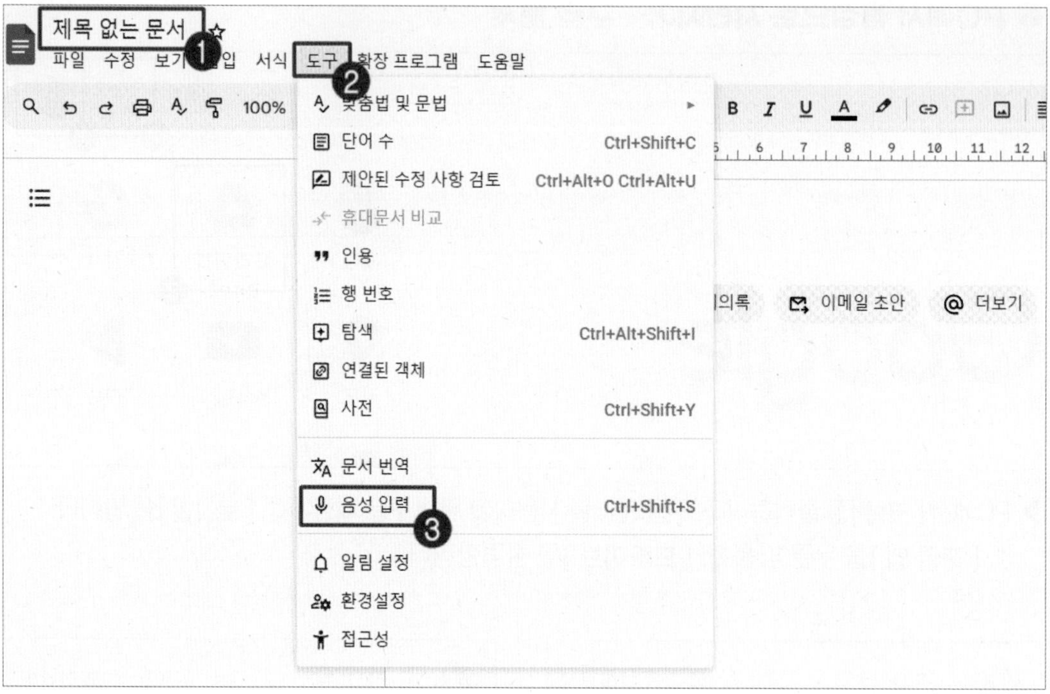

▶ 구글 문서 화면에서 문서의 이름 ① **[문서 제목]**을 입력한 다음 ② 문서작성 메뉴의 **[도구]**를 클릭하여 ③ **[음성 입력]**을 클릭합니다.

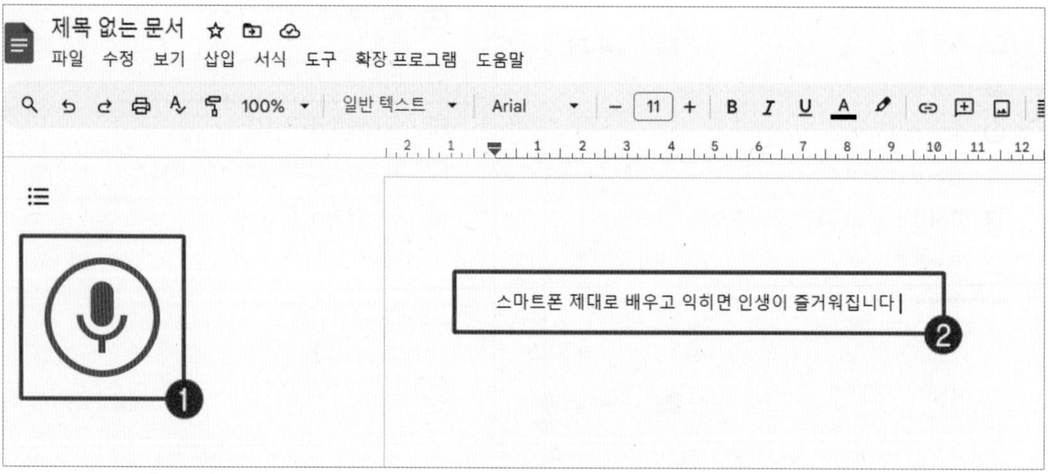

▶ ① **[마이크]**를 클릭하면 빨간색으로 마이크가 변할 때 말을 하면 됩니다. 문서 작성할 내용을 말을 하면 내용이 ② **[텍스트]**로 변환이 됩니다. 이때 발음이 정확하지 않으면 오타가 생길 수 있습니다.

사진은 스토리텔링이다

스마트폰의 여러 기능 중의 큰 부분은 사진을 찍고 또 서로에게 주고받는 것입니다. 셔터를 누를 때 분명 우리는 뭔가를 기록하고 있는 것입니다. 모든 사진은 이야기를 가지고 있습니다. 우리 폰의 갤러리마다 각자가 찍고 편집한 사진들이 가득합니다. 그 사진들은 뭔가 얘기를 하고 있습니다. 거기에는 어떤 시간, 공간 그리고 사진을 찍고자 했던 사람 마음의 움직임이 기록되어 있습니다. 가족들과 함께 떠나는 휴가 여행 이야기, 강변 산책 중에 찍은 사진들, 자전거 라이딩, 등산, 트레킹, 업무 중에 필요에 의해 찍은 사진 등 업무와 일상생활 가운데 일어나는 소소한 이야기들을 기록하고 있습니다.

우리가 찍은 모든 사진은 과거형입니다. 1초 전에 찍은 사진, 한 시간 전에 찍은 사진, 열흘 전, 1년 전에 찍은 사진 등이 갤러리에 보관되어 있습니다. 이렇듯 갤러리의 사진을 볼 때 우리는 시간여행을 할 수 있습니다. 열흘 전, 1년 전, 2~30년 전 사진을 보면서 이야기를 떠올리게 됩니다. 그때 그 이야기가 현재진행형으로 다시 다시 살아날 때 이것을 스토리텔링이라 말합니다.

요즘은 스마트폰 카메라의 획기적인 기술 발전으로 남녀노소 누구나 사진을 찍는 것을 좋아하고 또 사진의 품질도 좋아졌습니다. 그리고 SNS에 포스팅하면서 가족, 친구뿐 아니라, 온 세상의 사람들과 소통할 수 있습니다. 예전에는 카메라 도구를 가지고 잘 표현하는 능력이 있는 사람을 사진작가라고 했습니다. 그러나 요즘은 기술보다는 자기 생각, 관점을 이야기로 잘 표현해내는 사람을 말합니다. 즉 스토리텔링을 잘하는 사람이 훌륭한 사진작가입니다. 그러므로 한 장의 사진은 언어이며 소통과 표현의 수단으로 진화하고 있는 것입니다.

이렇게 담긴 사진들은 블로그로, 페이스북으로, 인스타그램으로 이야기가 입혀지고 가족과 친구들에게 자기 생각과 관점을 표현하게 됩니다. 거기에는 공감과 소통이 있게 됩니다. 우리의 사진은 이렇게 발전되어 가고 있습니다.

예를 들어보겠습니다. 어느 날 강의를 마치고 집으로 돌아가는 길에 시야를 떡하니 가로막고 소리치는 듯한 녀석이 보입니다. 운전을 조심해서 살살 하랍니다. 사마귀입니다. "아니, 당신이 어쩌다 거기 있는 게요?" 가을 햇살이 너무 좋아 외출 나왔다가 이런 사달이 났답니다. 스마트폰을 꺼내 얼른 전원 버튼을 더블 터치하여 사진을 찍었는데 마치 나를 원망하는 듯한 느낌이었습니다. 왜 출발할 때 귀띔을 해주지 않았느냐는 듯하였습니다. 한적하고 조용한 곳에 주차하여 길섶에 내려주면서, "이것도 기념인데 같이 사진이나 한 장 찍자"고 해도 얼굴을 주지 않아 그냥 돌아섰습니다. 이를 스토리텔링 방식으로 표현해 보았습니다.

이렇듯 우리의 갤러리에 보관된 모든 사진은 이야기를 가지고 있습니다. 이 이야기를 글과 사진으로 정리하고 블로그나 페이스북 등 SNS에 포스팅하여 가족과 친구들과 서로 공감하고 소통한다면 우리의 스마트폰은 소통을 위한 좋은 수단과 도구가 될 것입니다.

● 스마트폰 카메라 제대로 활용하기

1) 동영상 촬영하면서 사진 촬영하기

동영상을 촬영하면서 때로는 사진을 촬영하고 싶을 때가 있습니다. 그럴 때 동영상 촬영 중에라도 언제든지 카메라 아이콘을 눌러 사진을 촬영하면 됩니다.

1 ① 먼저 **[동영상]** 모드를 선택한 뒤 화질 크기를 선택합니다. 일반적으로는 FHD(30)를 선택합니다. 더욱 높은 품질의 영상작업을 할 때에는 UHD(30)를 선택할 수도 있습니다. ② 동영상 촬영 시작 버튼을 터치합니다. **2** ③ 동영상 촬영 도중에 사진 촬영을 하고 싶다면 이 버튼을 눌러 주면 됩니다. **3** ④ 촬영할 때 가능하면 디지털 줌으로 확대하지 말고 여기 렌즈를 선택해서 촬영하는 것이 좋은 화질을 보장받을 수 있습니다. 스마트폰 모델에 따라 렌즈가 여러 개 있을 수도 있습니다. (.5는 울트라 와이드 렌즈로 초광각 촬영이 되고, 1은 와이드 렌즈로 일반적인 촬영이 되고, 5는 5배 망원렌즈로 촬영되는 것을 말합니다.) 그리고 영상 촬영할 때도 주인공 피사체를 터치하면 센서에서부터 거리를 산출하여 정확한 초점을 맞출 수 있습니다.

2) 프로 동영상 촬영법

때로는 영화처럼 아웃포커싱과 빛이 아름답게 보이는 보케가 나오는 영상으로 담으려면 **[프로 동영상]** 모드를 사용해야 합니다. 일반 사진이나 동영상을 촬영할 때 주인공을 터치하면 초점과 노출 정보를 센서가 찾아오지만, 프로 동영상 모드에서는 이런 것을 촬영하는 사람이 다 조정해 줄 수 있습니다.

1 ① **[사진]** 모드나 **[동영상]** 모드로 촬영할 때는 주인공이 되는 피사체를 프레임에서 한번 터치하면 하얀 원이 나오면서 위쪽에 자물쇠 모양이 열려있게 됩니다. 포커스와 노출 정보를 읽었으니 곧 셔터를 눌러 촬영하라는 것입니다. 이때 길게 꾹 누르면 노란색 원이 나타나며 자물쇠가 잠기는 모양이 됩니다. 그러면 포커스와 노출 정보를 기억해 둘 테니 구도를 고려해서 찍어보라는 것입니다.

[프로 동영상]으로 촬영할 때는 크게 두 가지 방식이 있습니다. 조리개 우선 촬영방식이 있고 또 하나는 셔터 우선 촬영방식이 있습니다. 조리개 우선 방식은 EV(Exposure Value)값을 조절해서 아웃포커싱을 줄 수 있어 영상의 깊이를 더하는 방식입니다. 반면 셔터 우선 방식은 SPEED 값을 조절하는 방식인데 주로 빠르게 움직이는 자동차나 강아지, 고양이, 어린 아기, 물레방아 등을 촬영할 때 속도감을 조절할 수 있습니다. 여기서는 조리개 우선 방식을 설명하고자 합니다.

2 먼저 ② 프레임 안에 들어오는 피사체의 화이트 밸런스를 맞추는 것입니다. 다이얼 게이지를 돌리면서 흰색 피사체를 가장 하얗게 표현할 수 있는 값이 무엇인지를 먼저 찾습니다. 그런 다음 ③ EV값을 조절합니다. 사람 얼굴을 촬영할 때는 EV값을 플러스로 줘서 화사하게 촬영하고, 불타는 저녁노을이나 밤하늘 같은 경우에는 마이너스 값을 줘서 더욱 불타게 만들어야 합니다. 그런 다음 ④ 수동 다이얼 게이지를 이용하여 내가 초점을 맞추고 싶은 부분을 맞출 때 그 피사체의 경계선이 녹색으로 나타납니다. 그 녹색 경계선의 피사체가 초점이 맞았다는 신호입니다. 그보다 가까이 있거나 멀리 있는 것은 흐리게 되는 아웃포커싱 효과가 나타나게 되는 것입니다.

3 ⑤ 프로 동영상으로 촬영할 때 UHD 24로 촬영하게 되면 더욱 시네마다운 영상을 촬영할 수 있습니다. 추후 키네마스터나 영상편집 작업을 할 때 화질의 저하 없이 깔끔한 화질을 보장받을 수 있습니다.

3) 파지법

사진이나 영상을 촬영할 때 흔들림 없이 촬영하는 것이 무척 중요합니다. 특히 동영상을 촬영할 때 흔들린 영상은 대형 TV나 큰 화면으로 볼 때 어지러워 볼 수 없을 정도입니다. 그래서 스마트폰으로 촬영을 할 때는 흔들리지 않게 촬영할 수 있도록 파지법을 익혀야 합니다.

▶ 가로 파지법

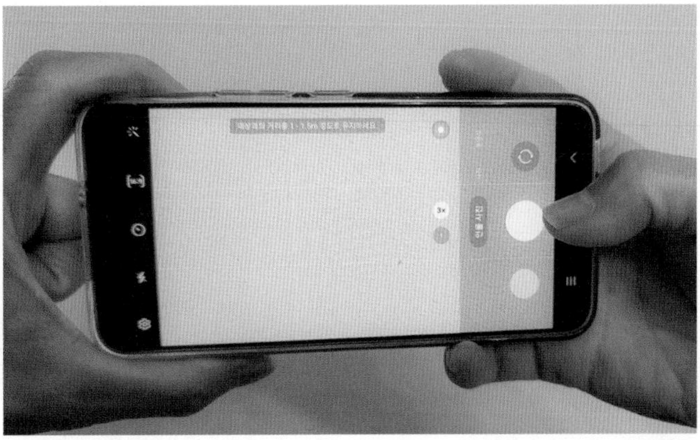

위 사진처럼 왼손 엄지와 검지는 스마트폰의 왼쪽 부분을 든든히 잡아주고, 오른손 검지와 새끼손가락은 스마트폰의 오른쪽을 든든히 잡아준 상태에서 오른손 엄지손가락만 움직여 셔터를 터치하여 촬영하는 방법입니다. 이때 가능하면 양팔은 겨드랑이에 붙여 움직이지 않도록 하는 것이 좋습니다.

▶ 한 손 가로 파지법

때로는 한 손으로 촬영할 때가 있습니다. 그때는 스마트폰을 놓치지 않고 흔들리지 않게 오른손 검지와 새끼손가락을 든든히 받쳐야 합니다. 그렇게 해서 팔을 흔들어도 스마트폰이 떨어지지 않도록 촬영하는 방법을 연습해 보셔야 합니다.

▶ 세로 파지법

▶ 한 손 세로 파지법

세로로 세워서 촬영할 때는 왼손 엄지와 새끼손가락은 스마트폰이 흔들리지 않도록 든든히 잡아 주고 오른손 엄지손가락만 셔터를 터치할 수 있도록 합니다. 마찬가지로 한 손 세로 파지법은 새끼 손가락이 스마트폰을 받쳐 주면서 촬영할 수 있도록 연습해야 합니다. 요즘 스마트폰은 플로팅 셔터라고 해서 보조 셔터를 사용할 수 있습니다. 내가 사용하기 편리한 곳에 두고 오른손이든 왼손이든 편리한 곳에 위치해서 사용하면 되겠습니다.

Memo

● 스마트폰 사진 잘 찍는 법

1) 인물사진

좋은 인물사진을 찍기 위해서는 다음과 같은 것들을 유의하면서 사진을 찍는 것이 좋습니다.

- 내가 찍고자 하는 피사체에 시선을 집중시킬 수 있도록 프레이밍을 하는 것이 좋습니다. 공원 같은 데 가면 포토존을 볼 수 있는데 그곳에서 찍게 되면 자연 시선을 집중시켜 좋은 사진을 얻을 수 있습니다.
- 가능한 노출을 한 스텝 올려 얼굴을 밝고 화사하게 찍어야 합니다. 얼굴 특히 눈을 터치하여 노출을 한 스텝 올리면 화사하게 찍을 수 있습니다.
- 주인공 외에 시선을 빼앗기지 않도록 배경을 단순화해야 주인공을 돋보이는 좋은 인물사진을 찍을 수 있습니다.
- 카메라 렌즈는 동그랗기 때문에 렌즈 주변부에 얼굴을 찍을 EO에는 왜곡 현상이 있기 때문에 주의해야 합니다.
- 인물사진의 연습은 가족사진만큼 좋은 게 없습니다. 모르는 사람이 사진을 찍게 되면 아무래도 얼굴근육이 경직되기 때문에 아내가 남편을 남편이 아내를 또 부모가 자녀들을 찍어주는 것이 가장 좋습니다.
- 내 스마트폰의 카메라 모드 중에 '인물사진' 모드가 있으면 가능한 이 '인물사진' 모드로 사진을 찍는 것이 아웃포커싱이 풍부한 부드러운 사진을 찍을 수 있습니다.
- 순광보다는 역광이나 사광으로 인물사진을 찍어야 좋습니다.
- 인물과 눈높이를 맞추면 자연스러운 인상을 담을 수 있습니다.

인물사진은 뒷 배경을 흐리게 하여 주인공을 돋보이게 하는 것이 좋습니다. 카메라의 **[인물사진]** 모드를 사용합니다. 이 모드는 찍고 난 후에 초점과 흐림 강도를 다양하게 적용할 수 있습니다.

● 스마트폰 사진 잘 찍는 법

2) 음식사진

- 음식과의 거리는 최대한 가까이 다가가는 것이 좋습니다.
- 음식의 높낮이에 맞춰 가장 돋보이는 각도를 찾아야 합니다.
- 자연광이 들어오는 유리창을 통해 빛을 잘 활용해야 합니다.
- 그릇을 다 찍을 필요는 없습니다. 그릇의 라인을 활용하여 음식을 돋보이게 찍습니다.

3) 풍경사진

- 빛을 잘 활용해야 합니다. 매직아워 즉 해 뜨기 30분 전후, 해 지기 30분 전후로 그림자가 길게 늘어지는 때에 좋은 풍경 사진을 찍을 수 있습니다.
- 근경, 중경, 원경을 살펴보며 원근감과 입체감이 표현될 수 있도록 구성해 봅니다.
- 자신만의 시선과 프레임을 활용한 독창적인 풍경 사진을 찍을 수 있도록 연습하는 것이 좋습니다.
- 풍경 사진을 찍기에 좋지 않은 날씨는 없습니다. 흐린 날은 빛이 부드러워 사물의 톤과 질감을 살릴 수 있습니다. 비 내리는 날은 자신만의 감성을 담은 독특한 사진을 연출할 수 있습니다.
  안개 낀 날, 눈 내리는 날은 복잡한 배경을 단순하게 정리하여 은은하고 운치 있는 사진을 얻을 수 있습니다.

근경, 중경, 원경을 생각하면서 원근감과 입체감을 표현해 봅니다.

역광으로 사진을 담을 때 나뭇잎에 투과되는 빛을 제대로 표현할 수 있습니다.

● 스토리가 있는 포토 에세이

포토 에세이와 포토 스토리텔링은 비슷한 개념으로 보일 수 있지만, 조금 다릅니다. 포토 스토리텔링은 사진과 함께 짧은 이야기를 전달하는 것에 중점을 둡니다. 간단하게 사진을 찍고 그 사진에 대한 이야기를 담아내는 것이 목적입니다. 일상적인 사진부터 여행 사진, 음식 사진 등 다양한 주제로 활용됩니다.

반면, 포토 에세이는 사진과 글을 결합하여 좀 더 깊이 있는 이야기를 전달하는 것에 중점을 둡니다. 사진을 통해 느낀 감정, 경험 등을 글로 풀어서 표현하는 것이 주요 목적입니다. 일상적인 경험부터 여행, 문화, 예술 등 다양한 주제로 활용됩니다.

즉, 포토 스토리텔링은 간단한 이야기를 전달하는 것에 중점을 둔 반면, 포토 에세이는 좀 더 깊이 있는 이야기를 전달하는 것에 중점을 둡니다. 우리가 찍은 사진은 때로는 감성을 전달하는 포토 에세이가 될 수 있습니다.

1) 그게 인생 아이니껴

무섬마을 사람들은 안다. '한국의 아름다운 길 100선'에 선정된 무섬 외나무다리.
그 외나무다리의 의미를... 꽃가마 타고 무섬에 들어와 평생을 살다 꽃상여 타고 무섬을 나가는 무섬 여인네의 애잔한 삶을... "그게 인생 아이니껴..." 김치전을 구워 내온 민박집 아주머니 얘기에 무섬은 밤새 물안개를 만들었나 보다.

2) 아, 어여 다녀와!

자녀들과 함께 무섬마을로 가을 나들이를 나온 노모.
외나무다리 앞까지 가보시더니 조용히 돌아서서
큰 나무 아래 벤치에 앉습니다.
자녀들이 오라고 손짓을 합니다.
노모는, "아, 어여 다녀와" 하며 손짓합니다.
지금껏 언제나 큰 나무가 되었고 아이들의 버팀목이 되었던
우리의 어머니... 이제는 장성한 자녀들의 배경이 됩니다.
그리고 아름다운 가을 나들이를 나왔습니다.
가을바람에 나뭇잎이 후드득 떨어집니다.

3) 아버지, 그 삶의 무게

안전화, 누군가의 삶의 무게를 말합니다.
이 안전화의 주인은 누군가의 아들이기도 하고 또 누군가의 아버지이기도 합니다.
많은 고단한 삶을 이겨내고 아이들을 뒷바라지하며 또 보람으로 일을 했을 것입니다.
그들은 이 시대 산업역군이기도 하며 한 가정의 가장이기도 합니다.
때로는 한숨과 함께 소주를 들이켜기도 하였고, 때로는 혼자서 몸부림치기도 했었고,
또 당당하기도 하였지만, 한없이 작아지는 자신을 숨기기도 하였습니다.
이제는 이 안전화를 벗고 집으로 돌아갑니다. 겉으로는 태연하지만 속으로는 무진장 초조합니다.
아마 습관적으로 아침 일찍 일어나 머리를 감고 출근 준비를 서두를지 모르겠습니다.
이미 은퇴하였는데....

● 감성공장

[감성공장]

감성공장은 자신만의 캘리그림을 사진과 합성해 감성 넘치는 작품을 만드는 앱입니다. 사진에 필터를 적용하고, 캘리를 원하는 색상으로 변경할 수 있습니다.

- 가입 및 로그인 없이 감성공장에서 제공하는 감성 배경 사진을 사용할 수 있습니다.
- 갤러리에 저장되어 있는 사진으로도 작품을 만들 수 있습니다.
- 내가 쓴 캘리그라피 글씨를 갤러리에서 가져와 사진에 합성할 수 있습니다.
- 쉽고 편리하게 캘리그라피 합성이 가능한 점이 가장 큰 장점입니다.
- 만들어진 작품을 SNS에 공유할 수 있는 서비스를 제공합니다.

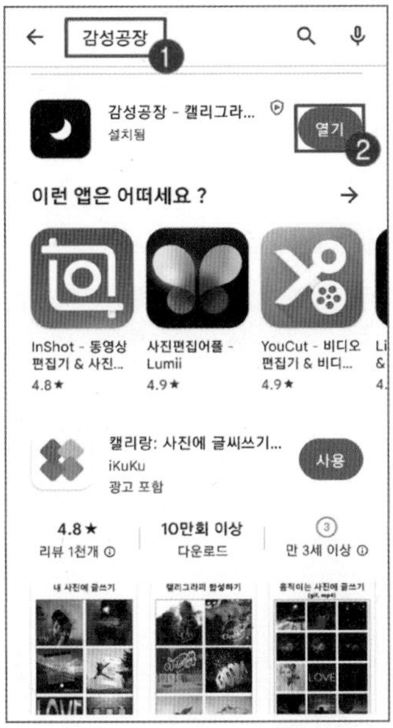

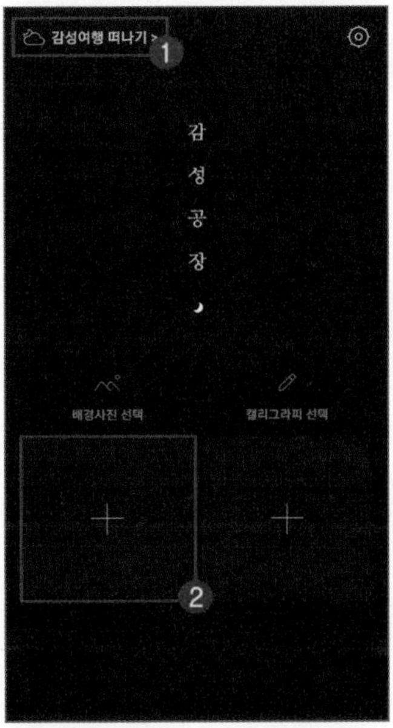

1 ① **[구글 Play스토어]**에서 **[감성공장]**을 검색합니다. ② 설치 후 **[열기]**를 터치합니다. **2** ① **[감성여행 떠나기]** 터치하여 멋진 작품들을 볼 수 있습니다. ② 배경사진 선택의 **[+]**를 터치합니다. **3** 감성공장에서 제공하는 배경사진을 사용할 수 있습니다. 카테고리에서 **[사랑]**을 선택합니다.

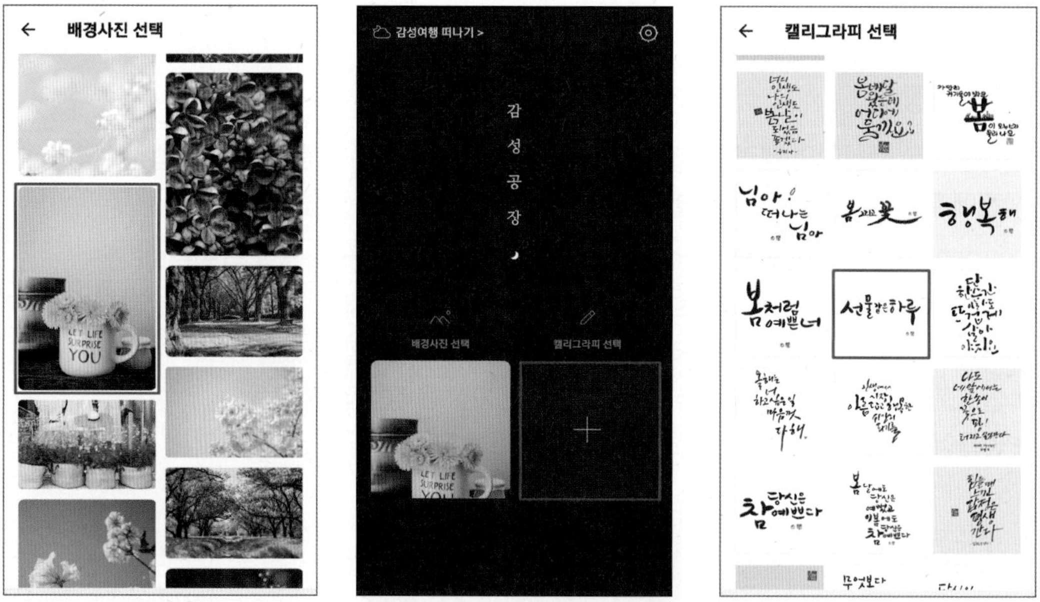

1 위로 드래그하여 사진을 보면서 마음에 드는 사진을 **[선택]**합니다.
2 캘리그라피 선택의 **[+]**를 터치합니다.
3 많은 캘리그라피 문구 중에서 마음에 드는 문구 **[선물 같은 하루]**를 선택합니다.

1 선택한 사진과 캘리그라피를 **[합성하기]**를 터치합니다.
2 두 손가락으로 크기 조절과 회전을 하여 적당한 위치에 놓은 후 필요에 따라 자르기, 투명도, 지우개를 적절히 사용합니다.
3 **[하양]**을 터치하면 글자색이 흰색으로 바뀝니다.

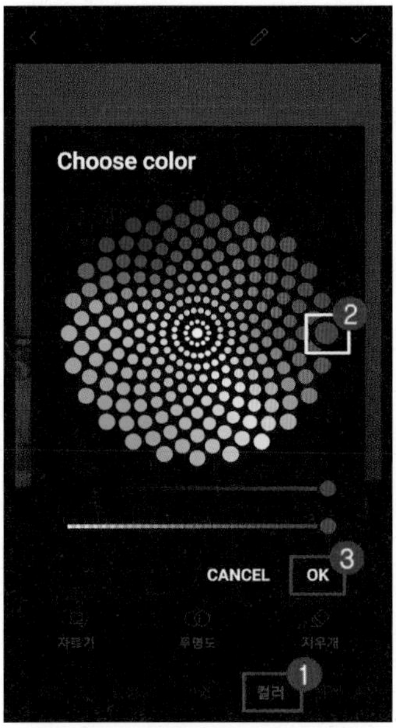

❶ ① [컬러]를 터치하여 Choose color 창에서 글자색상을 선택할 수 있습니다. ② 원하는 색상을 선택하고 ③ [OK]를 터치합니다. ❷ 캘리그라피 글자색이 빨간색으로 바뀌었습니다.
❸ ① [이미지]를 터치합니다. ② 다양한 필터 효과를 눌러보며 잘 어울리는 효과를 선택합니다. [Warm]를 터치하여 효과를 적용하였습니다. ③ 오른쪽 상단의 [V]를 터치합니다.
갤러리 [callifactory] 앨범에 저장됩니다.

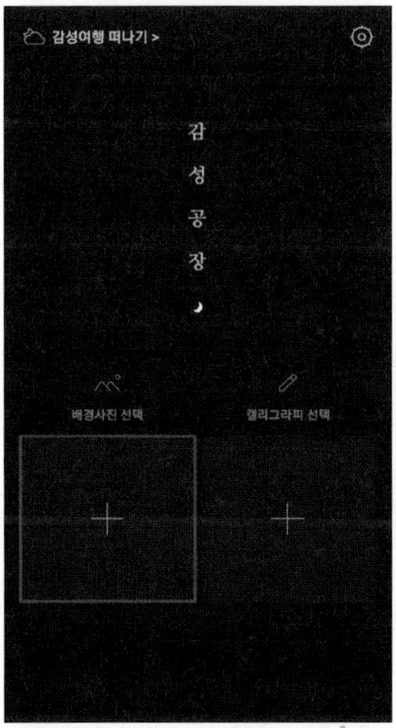

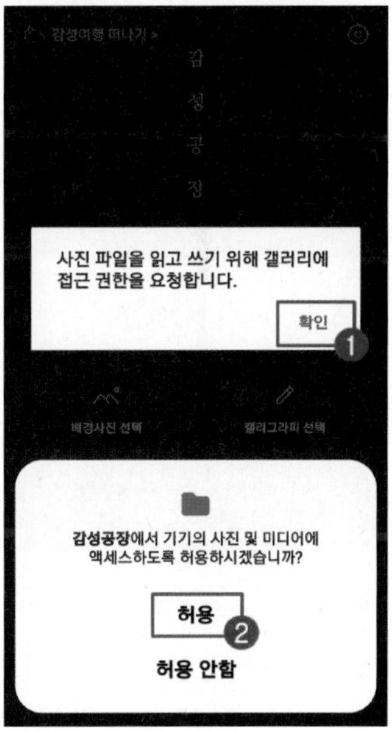

❶ 메인화면에서 배경사진 선택 [+]을 터치합니다. ❷ [갤러리에서 선택]을 터치합니다.
❸ ① 갤러리에 접근 권한 요청에 [확인]을 터치합니다. ② [허용]을 터치합니다.

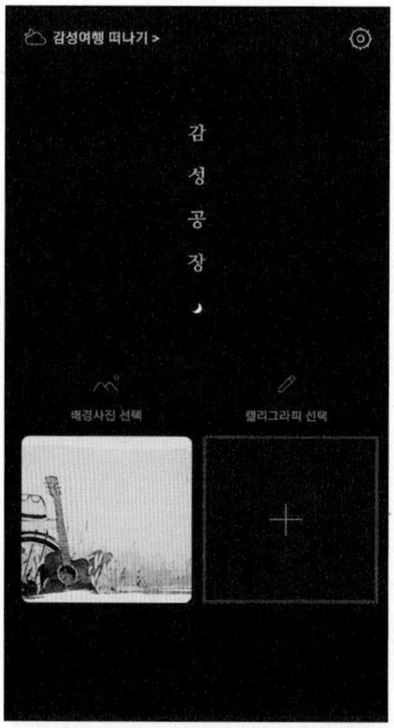

1 갤러리에서 캘리그라피와 합성할 이미지를 선택합니다. 2 캘리그라피 선택화면에서 **[+]**를 터치합니다. 3 갤러리에서 직접 써놓은 캘리그라피 이미지를 선택합니다.

1 **[합성하기]**를 터치합니다. 2 이미지와 캘리그라피가 합성이 되었습니다. ① **[이미지]**를 선택합니다. ② **[투명도]**를 조절하여 감성적인 이미지를 만들 수 있습니다. ③ 하단의 **[V]**을 터치합니다. 3 **[필터 효과]**를 눌러보며 어울리는 필터 효과를 선택합니다. ① **[B&W]**를 터치하여 흑백 효과를 적용합니다. ② 상단 오른쪽의 **[V]**를 터치합니다. 갤러리 **[callifactory]** 앨범에 저장됩니다.

● 수채화

[Qnipaint(큐니페인트)]

Qnipaint(큐니페인트)는 사진을 수채화 느낌으로 만들어주는 디지털 아트 편집 앱입니다.

- 사진을 멋진 수채화로 자동으로 생성합니다.
- 실시간으로 변하는 수채화 과정을 시뮬레이션으로 보여줍니다.
- 인물, 꽃, 풍경, 음식 모드의 수채화 효과를 만들 수 있습니다.
- 붓칠 느낌의 멋진 액자를 만들 수 있습니다.
- 밝기, 캔버스 질감, 컬러 필터 등 다양한 효과를 적용할 수 있습니다.
- 작품을 소셜 미디어 플랫폼에 공유할 수 있습니다.

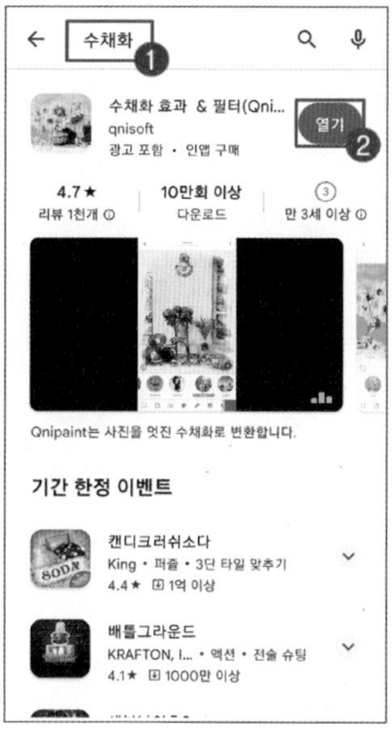

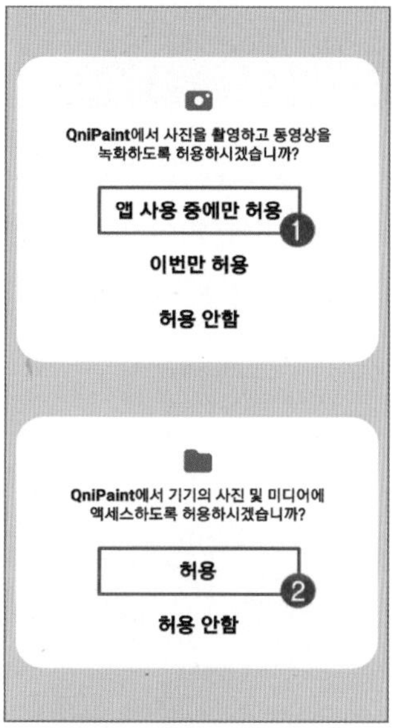

1 ① **[구글 Play스토어]**에서 **[수채화]**를 검색합니다. ② 설치 후 **[열기]**를 터치합니다.

2 ① 사진과 동영상을 녹화하도록 **[앱 사용 중에만 허용]**을 터치합니다.
② 기기의 사진 및 미디어에 액세스 허용을 묻는 창에서 **[허용]**을 터치합니다.

3 ① 상단의 **[갤러리]**를 터치하거나 ② 하단의 **[+]**를 터치하여 ③ **[갤러리]**를 선택합니다.

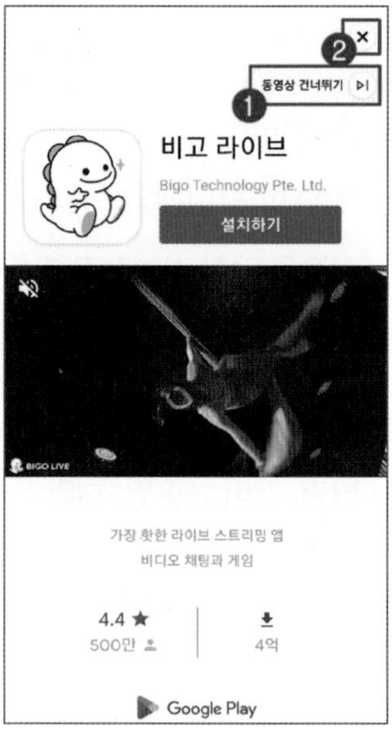

1 갤러리가 열리면 이미지 한 장을 선택하여 가져옵니다. 2 ① 다양한 비율 중에서 왼쪽으로 드래그하여 하나를 선택합니다. ② 수직 대칭, 회전, 수평 회전 ③ **[V]**를 터치합니다.
3 ① 광고창이 뜨면 **[동영상 건너뛰기]** 누른 후 ② 닫기 **[X]**를 터치합니다.

1 **[수채화 효과]**를 왼쪽으로 드래그하여 people, flower, scene, food 효과를 터치하면서 어울리는 효과를 선택합니다. 2 ① **[텍스처]** 효과를 터치합니다. ② 다양한 느낌의 질감 중에서 하나를 **[V]** 터치합니다. 3 ① **[종이]**를 터치합니다. ② 왼쪽으로 드래그하여 어울리는 종이를 선택합니다. 색상 필터, 그리기 모드, 스케치, 명도, 밝기, 채도, Hue 색상 조절이 가능합니다.

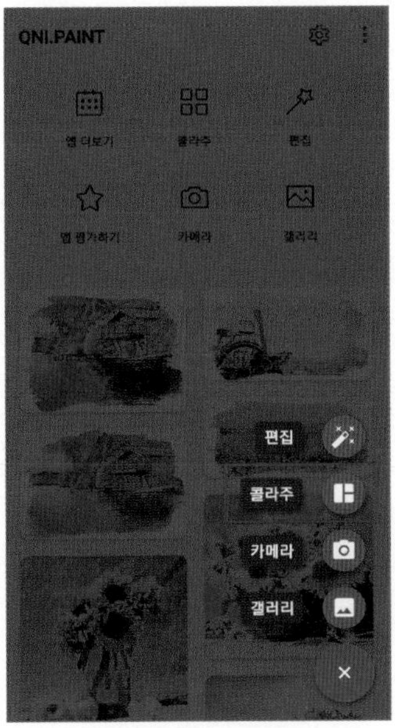

1 ① 3개의 점 **[설정]**을 터치합니다. ② **[속성 초기화]**를 터치하여 원본으로 돌릴 수 있습니다. ③ **[↓]**를 터치하여 저장합니다. 갤러리의 **[QniPaint. Gallery]** 앨범에 저장이 됩니다.

2 수채화 앱 메인 화면의 메뉴 중에서 **[콜라주]**를 터치합니다.

3 ① 갤러리에서 사진을 여러 장 선택합니다. ② **[콜라주]**를 터치합니다.

▶ ① 사진을 선택합니다. ② 손가락으로 확대, 축소와 좌우 이동하여 구도를 맞춥니다. 다른 사진들도 같은 방법으로 어울리게 조절합니다. ③ 다운로드 **[↓]**를 터치하여 저장합니다.

● 글그램

글그램은 사진에 글쓰기 앱으로 감성글, 사랑글, 안부인사, 응원글, 썸네일 등 다양한 카드뉴스를 만들 수 있습니다.

- 글쓰기에 어울리는 배경을 제공합니다.
- 다양한 카테고리와 한글로 사진검색이 가능합니다.
- 다양한 무료 한글 글꼴을 제공합니다.
- 카드뉴스에 다양한 스타일을 적용할 수 있고 날짜 입력과 서명을 넣을 수 있습니다.

1 ① **[구글 Play스토어]**에서 **[글그램]**을 검색합니다. ② 설치 후 **[열기]**를 터치합니다.

2 ① 사진 및 미디어에 액세스하도록 허용을 묻는 창에서 **[허용]**을 터치합니다. ② **[모두 동의]**에 체크합니다. ③ **[시작하기]**를 터치합니다.

3 글그램 메인에서 ① **[아름다운 배경사진에 글쓰기]**, ② **[컬러 배경에 글쓰기]**, ③ **[내 사진에 글쓰기]**, ④ **[내가 만든 글그램]**을 편집하거나 공유할 수 있습니다. ① **[아름다운 배경사진에 글쓰기]**를 터치합니다.

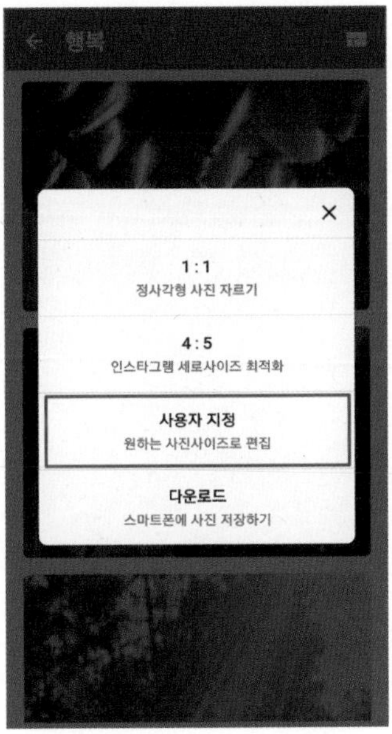

1 [**행복**]을 터치합니다.

2 사진을 위로 드래그하며 원하는 사진을 선택합니다.

3 다양한 비율을 선택할 수 있습니다. [**사용자 지정**]을 터치합니다.

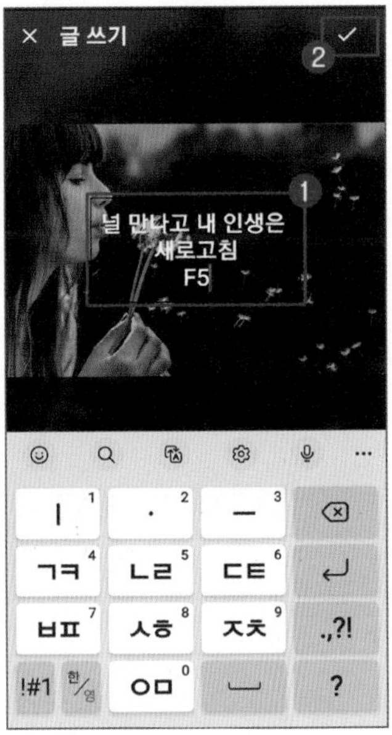

1 ① [**1:1, 3:4, 원본, 3:2, 16:9**]를 선택할 수 있습니다. ② [**자르기**], [**회전**], [**확대**]를 조절합니다. 사진을 손가락으로 핑거 줌하여 원하는 구도를 잡은 후 ③ [**V**]를 터치합니다.

2 [**터치하여 글자를 입력하세요.**]를 터치합니다.

3 ① 글을 입력한 후 ② [**V**]를 터치합니다.

1 [스타일]을 터치합니다. 2 ① Blur에 체크하면 [V] 배경에 블러효과가 적용됩니다. ② 배경색을 선택하여 변화를 줄 수 있습니다. ③ 드래그하여 다양한 스타일에서 잘 어울리는 효과를 선택하여 적용합니다. 3 [글꼴 & 크기]를 터치합니다.

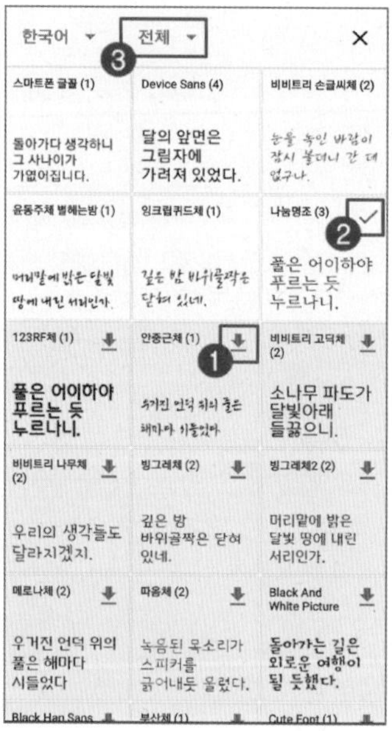

1 ① [글자크기]를 좌우로 움직여 크기를 조절합니다. ② [전체보기]를 터치합니다.
2 ① 위로 드래그하며 원하는 글꼴을 다운로드 [↓]를 합니다. ② 다운로드 후 적용하려는 글꼴 선택 [V] 합니다. ③ [전체]를 터치하면 고딕체, 명조체, 디자인, 손글씨, 모노스페이스 등의 카테고리별로 글꼴 검색이 가능합니다. 3 [글자 색 & 정렬]을 터치합니다.

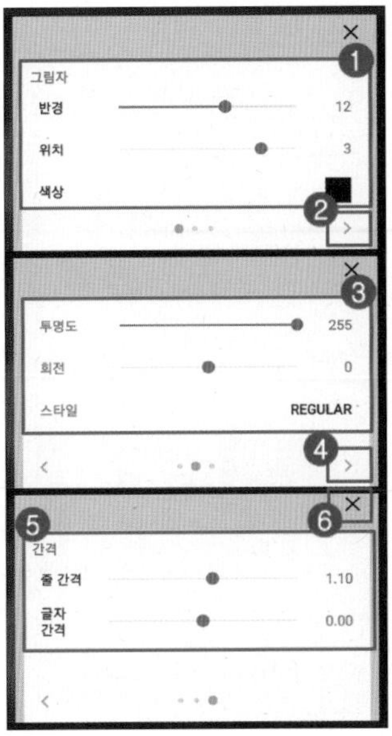

1 ① 왼쪽, 가운데, 오른쪽에서 정렬합니다. ② 왼쪽으로 드래그하여 원하는 색상을 **[선택]**합니다. **2** **[글 효과]**를 터치합니다. **3** ① **[그림자]**의 반경, 위치, 색상을 조절하여 적용합니다. ② **[〉]**를 터치합니다. ③ **[투명도], [회전], [스타일]**을 조절하여 적용합니다. ④ **[〉]**를 터치합니다. ⑤ **[간격]**의 줄 간격과 글자 간격을 조절합니다. ⑥ 설정 완료 후 **[X]**를 터치합니다.

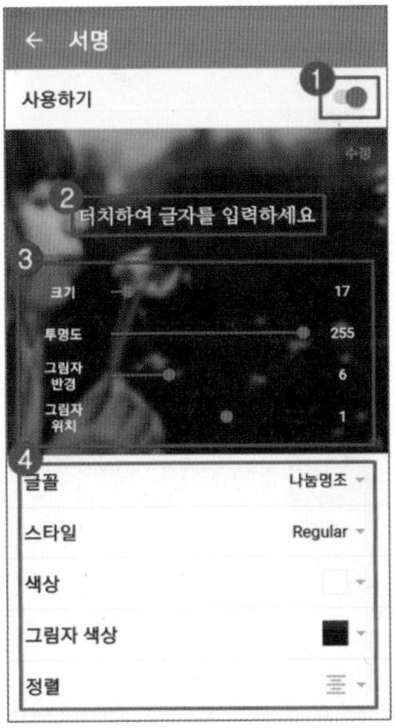

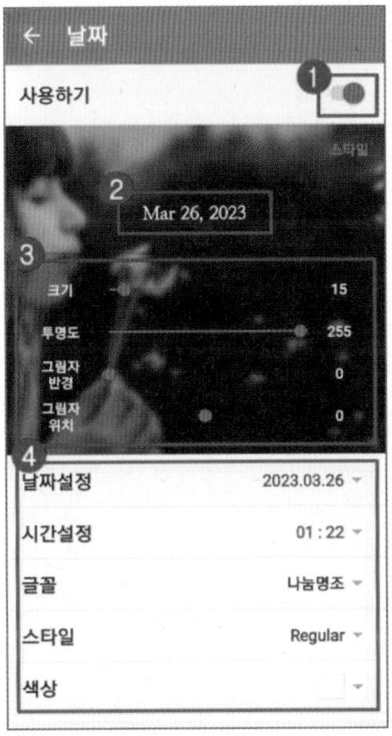

1 **[서명]**을 터치합니다. **2** ① **[사용하기]**를 터치합니다. ② 터치하여 서명을 입력합니다. ③ **[크기, 투명도, 그림자 반경, 그림자 위치]**를 수정합니다. ④ **[글꼴, 스타일, 색상, 그림자 색상, 정렬]**을 수정합니다. **3** 날짜 페이지에서 ① **[사용하기]**를 터치합니다. ② 날짜를 터치하여 다양한 스타일을 선택할 수 있습니다. ③, ④의 속성값은 서명과 같은 방법으로 수정합니다.

● 포토퍼니아

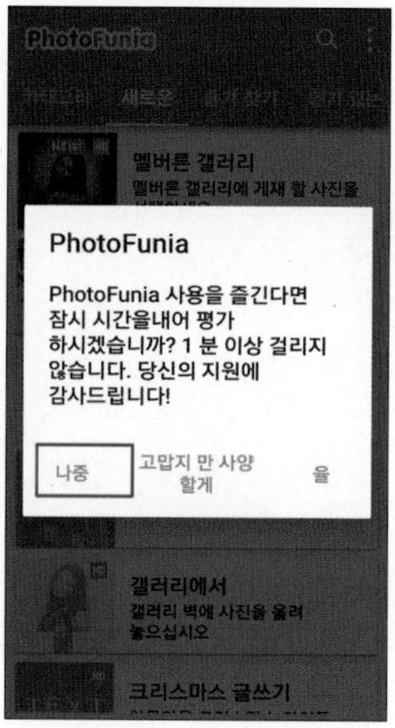

1 ① **[Play스토어]**에서 **[포토퍼니아]**를 검색합니다. ② **[설치]** 후 열기를 터치합니다. **2** 앱 평가 화면에 **[나중에]**를 터치합니다. **3** 포토퍼니아 앱의 첫 화면입니다. 왼쪽 상단에 위치한 가이드 메뉴 중 **[카테고리]**를 터치합니다.

1 카테고리 화면을 위로 드래그하여 **[잡지]**를 선택합니다. **2** 다양한 잡지 템플릿 중 **[아침 신문]**을 터치합니다. **3** ① 하단에 **[사진을 선택하십시오]**를 터치합니다. ② 사진을 불러올 수 있는 팝업창에서 **[기존 사진 선택]**을 터치합니다.

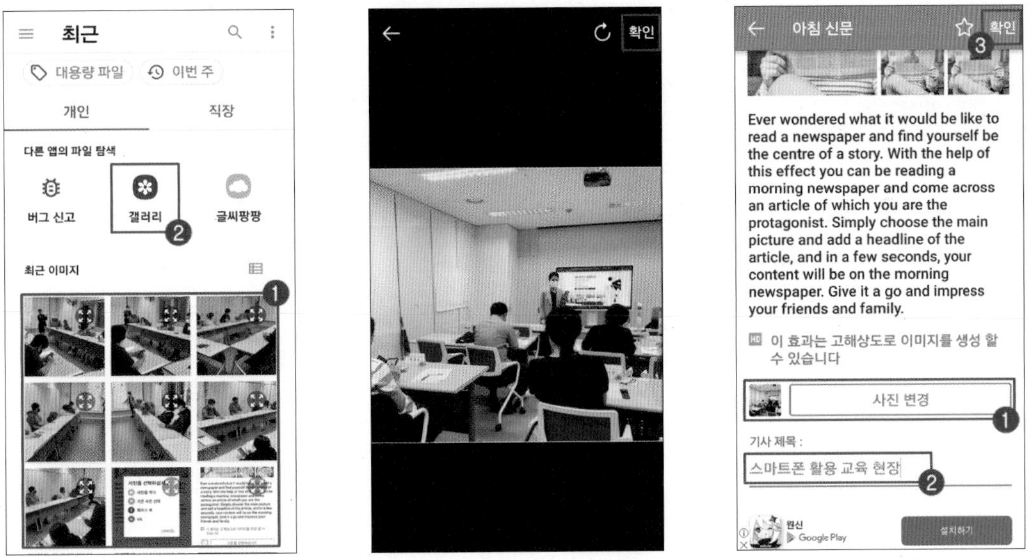

1 ① 사용자 갤러리에 최근 사진 순으로 보이며 더 많은 사진을 보려면 ② **[갤러리]**를 터치하여 선택할 수 있습니다. **2** 사진을 선택 후 **[확인]**을 터치합니다. **3** ① 선택한 사진이 맞는지 확인 및 사진을 변경할 수 있습니다. ② 사진에 제목도 삽입할 수 있습니다. ③ **[확인]**을 터치하여 진행합니다.

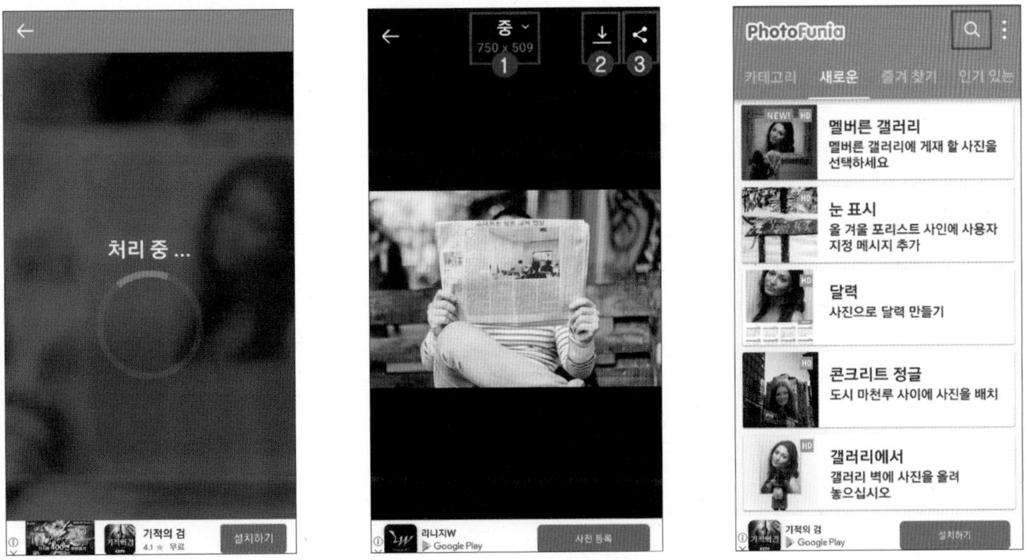

1 이미지 합성이 진행 중인 화면입니다. **2** 사진 합성이 완료된 화면입니다. ① 저장할 이미지의 사이즈를 선택할 수 있습니다. ② 사용자 갤러리에 저장할 수 있습니다. ③ 완성된 사진을 다른 사이트로 공유할 수 있습니다. **3** 이번에는 원하는 템플릿을 **[검색 아이콘]**을 터치하여 찾아보겠습니다.

1 ① 검색창에 **[날씨]**를 검색합니다. ② 날씨에 관련된 템플릿 중 원하는 템플릿을 터치합니다.

2 ① 합성에 필요한 사진을 직접 촬영하거나 사용자 갤러리에서 사진을 불러올 수 있습니다.
② 비 내리기 효과와 눈 내리기 효과 중 선택합니다. ③ **[확인]**을 터치하여 진행합니다.

3 ★를 터치하여 맘에 드는 효과를 즐겨찾기에 등록할 수 있습니다.

Memo

- [ ]
- [ ]
- [ ]
- [ ]
- [ ]
- [ ]
- [ ]
- [ ]
- [ ]
- [ ]

● **브레이브 브라우저**(광고 없이 유튜브 보기)

브레이브 웹 브라우저는 제3자 광고를 차단하는 애드블로커가 내장되어 안전하며 빠른 속도가 특징인 웹 브라우저 앱입니다.

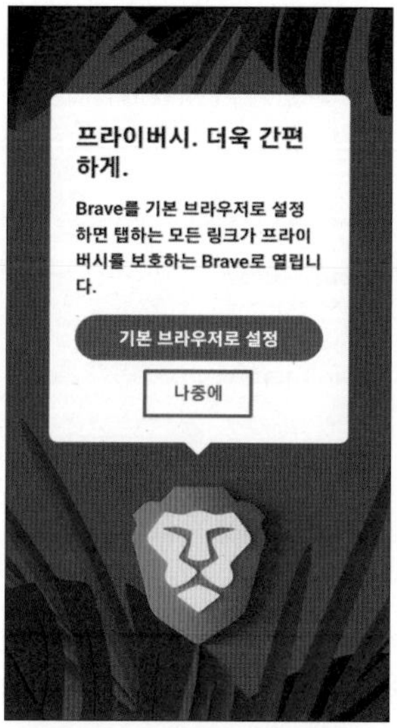

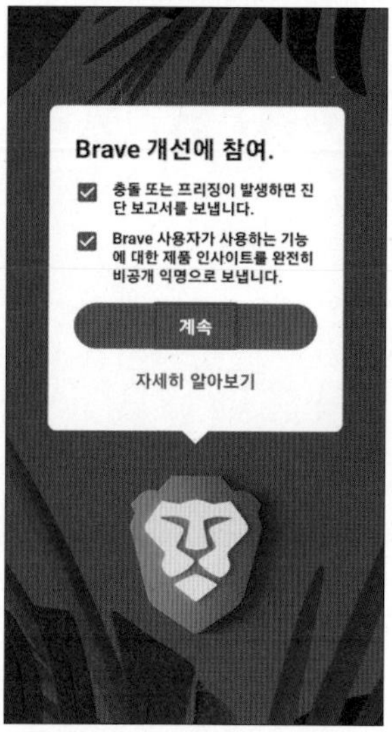

1 ① **[구글 Play스토어]**에서 **[브레이브 브라우저]**를 검색합니다. ② 설치 후 **[열기]**를 터치합니다. **2** **[나중에]**를 터치합니다. **3** **[계속]**을 터치하여 다음 화면으로 진행합니다.

1 **[나중에]**를 터치합니다. **2** 팝업창이 보입니다. 팝업창밖 화면을 터치합니다.
3 검색창에 **[youtube.com]**을 입력 후 진행하면 광고 없는 유튜브 화면을 보실 수 있습니다.

● 유튜브에서 내가 원하는 음악 및 동영상 다운받기

1 유튜브에서 내가 원하는 음악 및 동영상 다운받기 위한 첫 번째 방법으로 브레이브 브라우저 검색창에 **[y2mate.com]**을 검색합니다. 2 ① 내가 원하는 키워드 **[스마트폰활용지도사]**로 입력 후 ② **[→]** 방향키를 터치하면 하단에 스마트폰활용지도사 영상이 나열됩니다. ③ 다운받고 싶은 영상을 선택합니다. 3 선택된 영상 화면 아래 ① 동영상을 다운받고 싶다면 **[Video]**를 터치 ② 소리만 받고 싶다면 **[Audio]**를 터치합니다. ③ 화면을 위로 드래그하여 진행합니다.

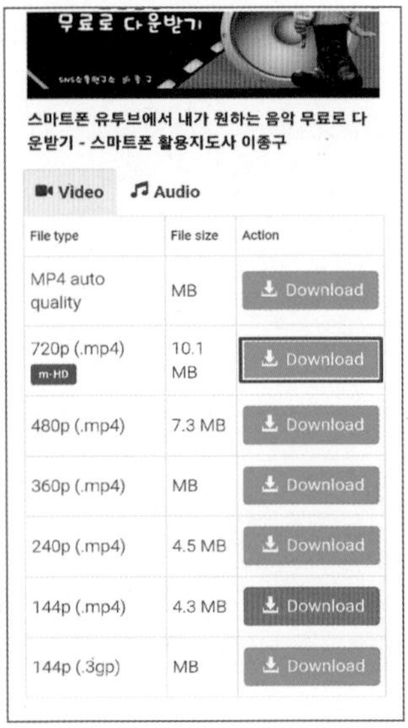

1 원하는 파일 타입 및 크기로 선택 후 **[Download]**를 터치합니다.
2 다시 한번 파일 확인 후 **[Download .mp4]**를 터치합니다.
3 마지막으로 다운로드 위치 확인 후 **[다운로드]**를 터치하여 완료합니다.

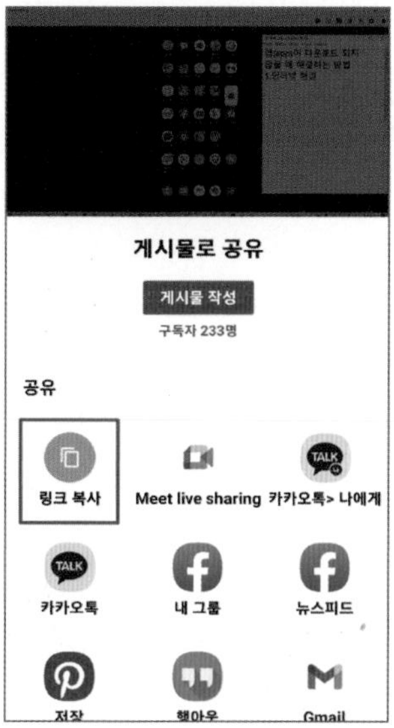

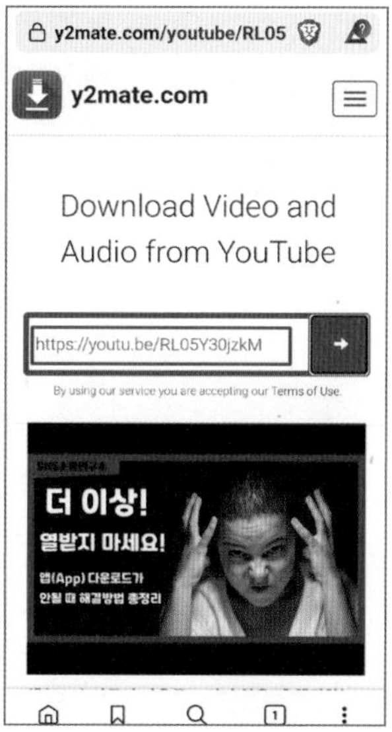

1 이번에는 유튜브에서 내가 원하는 음악 및 동영상 다운받기 위한 두 번째 방법으로 유튜브에서 원하는 영상을 재생시킨 후 영상 하단에 **[공유]**를 터치합니다.
2 **[링크 복사]**를 터치합니다. 3 y2mate.com 검색창에 복사한 링크를 **[붙여넣기]** 하면 다운로드하고 싶은 영상이 나옵니다.

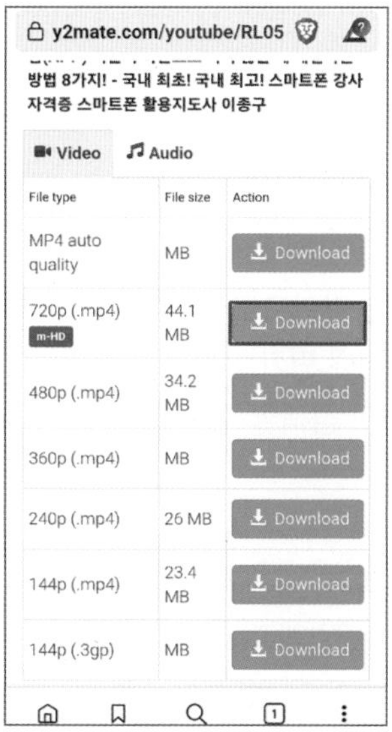

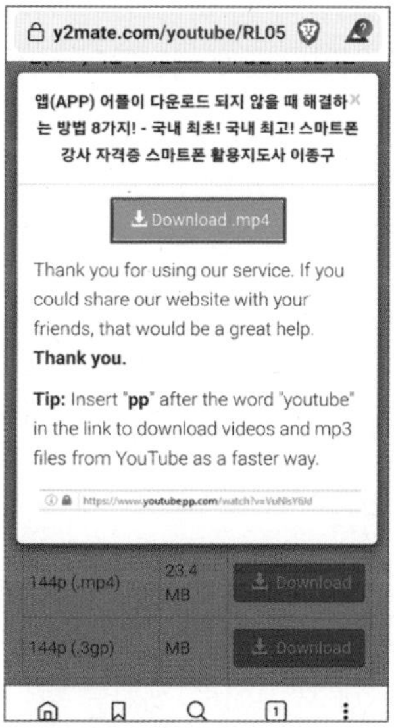

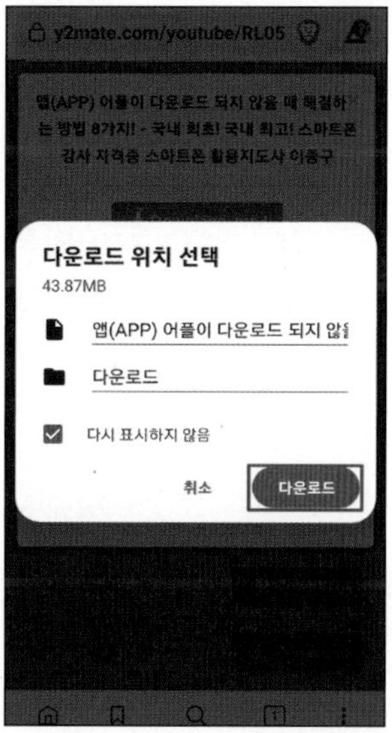

1 원하는 파일 타입 및 크기로 선택 후 **[Download]**를 터치합니다.
2 다시 한번 파일 확인 후 **[Download .mp4]**를 터치합니다.
3 마지막으로 다운로드 위치 확인 후 **[다운로드]**를 터치하여 완료합니다.

06 유용한 사이트 소개

스마트쉼센터

- 인터넷, 스마트폰 과의존으로 어려움을 겪고 있는 사람들을 위해 과의존 진단을 받을 수 있으며 상담이 필요한 경우 온라인 상담 및 센터내방상담, 가정방문상담으로 도움을 주는 센터입니다.
- 기관에서 예방교육을 신청할 수 있으며 자료실에서 콘텐츠 교육자료, 상담 사례를 참고할 수 있습니다.
- 스마트폰 과의존 상담 전문인력을 양성하고 전국에 18개 스마트쉼센터가 운영되고 있습니다.

스마트초이스

- 통신서비스 이용자에게 통신요금, 통신서비스 관련 정보를 알기 쉽고 체계적으로 제공하기 위해 한국 통신사업자 연합회에서 운영하는 통신요금 정보포털 사이트입니다.
- 이동전화 요금제 추천과 요금 할인 단말기 지원금 조회, 분실·도난 단말기 조회, 통신 미환급금 조회 등을 확인할 수 있으며 eSIM이 탑재된 스마트폰도 가입, 해지, 번호이동이 가능합니다.

건강보험심사평가원

건강e음

- 건강보험심사평가원은 국민의료평가기관으로서 진료비 심사와 요양급여 적정성 평가업무를 통해 국민들이 질 좋은 의료서비스를 받고 의료공급자는 견실하게 성장할 수 있도록 도움을 주는 기관입니다.
- **[내가 먹는 약! 한눈에]**에서는 최근 1년간의 의약품 투약내역 및 개인별 의약품 알러지·부작용 정보 등을 확인할 수 있습니다.
- 비급여 진료비 정보, 비급여 확인 서비스, 지도 기반으로 병원, 약국 찾기, 내 진료정보 열람 서비스를 이용할 수 있으며 병원 평가 정보로 진료기관을 비교해 볼 수 있습니다. 의약품 정보에 대해서도 검색할 수 있습니다.

경찰청 사이버캅

- 검색창에 전화번호(계좌번호, 이메일)를 입력하여 상대방이 사이버사기로 경찰에 신고되어 있는지 확인할 수 있습니다. (최근 3개월동안 3회 이상 신고)
- 안전거래 결제 전 사이트, 계좌를 확인할 수 있고 피해 경보를 통해 최근 이슈 내용을 확인하고 신종 범죄 예방에 대한 정보를 제공합니다.
- 사이버 범죄 신고(상담)이 가능하며 예방교육신청을 하여 교육을 받을 수도 있습니다.

시티즌 코난

- 스마트폰의 보이스피싱에 악용되는 악성앱을 탐지하기 위한 악성앱 순간 탐지기로 경찰대학 치안정책연구소와 ㈜인피니그루에서 개발하고 공동 운영하고 있습니다.
- 전화 가로채기앱, 금융기관 사칭앱, 경찰/검찰 등의 공공기관 사칭앱, 의료 사칭앱, 택배/쇼핑 사칭앱, 몸캠 악성앱 등을 실시간으로 탐지 가능하며 미설치된 악성파일(.apk/ .zip)의 탐지 및 삭제도 가능합니다.

더치트

- 금융사기, 스팸 연락처(Caller ID)에 대한 사기 행위와 판매자의 연락처, 계좌정보, 아이디 등을 검색하여 피해를 방지할 수 있습니다.
- 사기 피해 예방 방법, 검거 소식, 사건 사진자료, 사기/스팸 피해사례 목록 등의 자료를 확인하여 예방할 수 있습니다.
- 피해 사례를 직접 등록, 삭제할 수 있으며 타인의 피해사례를 삭제 요청도 가능합니다. 사기피해 대응방법에 대한 정보가 자세히 나와 있으며 상담도 할 수 있습니다.

도구 상자

- 스마트폰에서 사용할 수 있는 디지털 통합 도구 상자로 각각의 앱을 설치하지 않아도 도구를 간편하게 이용할 수 있는 앱입니다.
- 측정 도구에는 나침반, 수평계, 길이 측정기, 심박 측정기, 데시벨 측정기가 있으며, 유용한 도구에는 단위환산기, 손전등, 계산기, 룰렛, 튜너 등의 도구가 있습니다. 시간 도구에서는 스톱워치, 타이머, 메트로놈이 있습니다.

등산시계

- 등산시계(Mountain Watch) 앱은 산악용 시계를 본떠서 만들어진 앱이며 화면 상단에 날씨와 온도, 습도, 풍속, 일몰 / 일출시간을 표시합니다.
- 가운데 코어 부분에서 현재 시간 / 나침반 / 기압-고도 / 속도 정보를 표시합니다. 코어 아랫부분에 지역명과 달의 형상을 구현한 문페이즈가 표시됩니다.

모두의 신문

- 경제, 스포츠, 커뮤니티, 날씨, 환율 등의 정보를 간편하게 연결하는 모음 앱입니다.
- 국내의 모든 신문사 사이트를 연결하고 네이버, 다음 사이트로 연동이 됩니다. 방송포털에서 각 방송국의 포털 사이트로 연결이 되고 전문 정보별로 구분하여 볼 수 있고 해외, 지방의 뉴스도 볼 수 있습니다. 날씨, 주가도 바로 확인할 수 있는 사이트로 연결이 됩니다.

모두의 라디오

- 주파수 변경 없이 전 세계에서 한국 라디오를 별도의 방송국 앱 설치 없이 청취할 수 있습니다.
- 각 방송사의 지방 주파수로 바로 연결하여 청취할 수 있고 즐겨찾기를 할 수 있어 나만의 라디오 목록을 만들 수가 있고 종료 예약 시간 설정이 최대 45분까지 가능합니다.

스마트 국토정보

- 부동산 정보 검색에서는 토지 및 건물에 대한 정보를 제공하며, 현재 지도 위치를 기반으로 주택 관련 실거래가 정보를 함께 제공합니다.
- 연속지적도, 최신 항공사진, 영문지도, 바로 e맵 인터넷 배경지도를 제공하고 도로명 / 지번, 주소, 건물명 등으로 장소찾기가 가능하며 일필지 정보, 국토이용분석, 실거래가, 국토통계 정보를 제공합니다.

한국부동산원 부동산 정보 – 부동산시세, 전세, 아파트실거래가

- 한국부동산원에서 제공하는 부동산 시장 정보를 하나의 앱으로 조회 가능한 앱으로 거래에 필요한 매매·전세 시세정보, 나에게 맞는 매물·분양 정보, 아파트 관리비, 거래절차, 세금계산 등 부동산 정보를 제공합니다.
- 부동산 시장동향 조회를 할 수 있고 즐겨찾기 기능을 제공하여 한눈에 정보 조회가 가능하며 지도기반 검색으로 모든 주거용 부동산을 한눈에 살펴볼 수 있습니다.

네이버 부동산

- 전국의 부동산이 다 모여 있는 곳으로 매물과 시세를 한꺼번에 볼 수 있습니다. 내가 찾는 매물에 맞게 검색하여 조회할 수 있고 현장 매물을 360VR로 확인할 수 있습니다. 각종 개발 호재를 확인할 수 있는 데이터를 제공합니다.
- 초등학교 통학구역 및 배정 단지 / 매물 찾기가 가능하며 마트, 병원 등 주변의 편의 시설을 쉽게 찾을 수 있습니다. 관심지역, 관심단지, 관심매물만 쉽게 모아 볼 수 있는 MY 부동산 서비스가 제공되며 '매물 알림' 기능 설정이 가능합니다.

아파트 실거래가 (아실) - 부동산

- 아파트를 거래할 때 실거래가를 확인할 수 있는 앱으로 아파트에 실제 거주한 사람들의 솔직한 후기로 많은 정보를 알 수 있습니다.
- 학군(초등학교, 중학교, 고등학교)을 비교할 수 있으며 아파트의 인기도와 단지별로 비교하는 정보를 제공하고 있습니다.
- 아파트 가격을 차트로 비교 가능하고 실거주가 아닌 투자자들의 거래 현황도 확인이 가능합니다. 분양아파트 분양가 주변 아파트 시세를 비교할 수 있으며 지역별로 개발 정보를 지도에서 확인 가능합니다.

밸류맵 – 토지·건물 거래 필수 앱

- 토지와 건물 거래 시 정확한 데이터와 최신기술로 실거래 업데이트가 빠릅니다. 투어링으로 관심 지역 매물을 쉽게 검색할 수 있으며 해당 지번으로 최근 3~5년 정도의 실거래가를 확인할 수 있습니다.
- 소유주 매물을 직접 등록하거나 매수자로 등록하고 맞춤 혜택을 받아 볼 수 있습니다. 매물을 거래한 중개사도 확인 가능합니다.
- AI 가설계 기능으로 10초 만에 건물을 미리 지어 예상 면적, 주차대수, 도면, 일조량까지 한 번에 확인할 수 있습니다.

경매알리미 – 아파트, 부동산 경매

- 누구나 쉽고 간편하게 대법원 경매를 할 수 있도록 만든 앱으로 빅데이터 분석 등을 통해 안전하게 경매를 할 수 있고 내 조건에 맞는 새로운 경매가 등록될 때마다, 가장 빠르게 알림 기능으로 정보를 제공합니다.
- 전국 58개 법원 부동산경매 정보를 실시간으로 제공하며 경매 물건에 대한 여러 분석과 상세보기(위치, 지도, 로드뷰)를 할 수 있으며 실시간 낙찰가, 낙찰자명, 응찰수 정보도 제공합니다. 등기부등본 / 등기내역 정보, 전입세대열람 조사 내역, 소유권이전등기비용 견적내기 등 다양한 서비스를 제공하고 있습니다.

내 사진을 캐릭터로 - ToonMe

- 자동 인공 지능의 마법을 사용하여 사진을 만화나 벡터 스타일로 만들어 주는 앱으로 신체 전체를 만화로 제작이 가능하며 벡터 초상화 템플릿, 다양한 심플 레이아웃과 디자인으로 쉽게 만화로 바꿀 수 있습니다.
- 광고, 워터마크 제거를 원하는 경우 프로 사용자로 전환하거나 30초 광고를 시청하면 제거할 수 있습니다.

글씨 애니메이션 - 글씨팡팡

- 로고 제작, 사진에 글쓰기, 유튜브 썸네일 등 움직이는 글씨를 추가할 수 있는 최고의 어플입니다.
- 마음에 드는 폰트를 추가 가능하며 사진, 움짤, 동영상에 애니메이션 텍스트 효과를 사용할 수 있습니다. 동영상을 GIF로 저장할 수도 있습니다.

다이내믹한 글씨 애니메이션 - OQ Animated Text

- 다양한 유형의 애니메이션, 텍스트 스타일로 애니메이션 텍스트 비디오를 만들고 제작합니다.
- 다중 애니메이션 텍스트 슬라이드 / 레이어를 추가 할 수 있으며 애니메이션 입장 및 퇴장 애니메이션, 속도 조절 기능이 가능한 텍스트 동영상 변환 앱입니다.

내 사진에 임팩트한 애니메이션 - Vimage

- 다양한 애니메이션 효과와 오버레이, 3D 시차효과, 움직이는 하늘 효과, 카메라 움직임 등을 통해 생동감 있는 모션사진을 만들어 볼 수 있는 앱입니다.
- 사운드 이펙트, 음악을 추가할 수 있고 기본적인 사진 편집 툴을 제공합니다. 프로 요금제에 가입하면 광고 및 워터마크를 제거할 수 있고 여러 혜택이 있습니다.

내 사진에 임팩트한 애니메이션 - Motionleap

- 편집기 사진, 3D 애니메이션 만들기를 위해 만들어진 보정어플 및 애니메이션 만들기 앱입니다. 그림으로 영상만들기, 다양한 스타일리시 효과, 필터 툴에 3D 라이브 필터와 효과를 줄 수 있으며 얼굴 사진을 라이브 포토로 만들어 주기도 합니다. 최근 업데이트로 AI 기능이 추가 되어 Text to Image에서 텍스트를 입력하면 이미지로 변환되며 여러 가지 효과를 적용할 수 있습니다.